上海非凡文化艺术有限公司编

收藏指南

周慧珺题

陶瓷

朱裕平著

学林出版社

顾问：傅振伦　周永兴

主编：朱裕平

副主编：贾　胜　曹维劲

总策划：刘玮林　乔　生

序

“收藏指南丛书”由各方专家合力编纂而成，凡十卷。

丛书集陶瓷、紫砂、家具、竹、木、铜、玉、珠宝、中外钱币、碑帖、书法、绘画、文房四宝、印玺与杂项，用一事一议形式，逐一扼要说明；用比较方法，摄取其全豹及细部形象，允称文图并茂；将宫廷珍藏及民间文玩，同等齐观。

丛书由吾友朱裕平主编。朱君热爱祖国，喜收藏并研究我国文物，多有著述。观“指南”各卷，作者均将个人数十年之研得贡献读者，使丛书成为文化普及的可贵读物。

余喜这部丛书囊括我国金石、器物之学，非同雕虫小技之书。昔《中华二千年史》作者吾师邓之诚先生既撰全史，也写了《骨董琐记》，非无为也。

是为序。

九十三叟傅振伦

序于北京安定门内 蓟台西畔

一九九八年八月

【收藏指南】

目录

【收藏指南】

● 目录 ●

1 元明青花的绘画笔法

元青花绘画笔法流畅生动。小型器物用双勾填色和单笔勾塌方法。大型器物有多种笔法，如细线白描、双勾填色、粗线勾勒、单笔涂塌等。青料填色用大笔一笔涂成。从具体步骤看，先用细线描划分区，然后以各种笔法绘制。

明官民窑青花笔法不同:

官窑--前期（洪武--宣德）采用勾勒点染方法，勾勒线条较粗，填色用小笔触。中、后期（成化--万历）采用双勾填色方法，勾勒线条较细，填色青料较淡。

民窑--早期（洪武--天顺）采用勾勒的笔法。中期（成化--正德）采用勾勒点染和双勾填色相结合的方法。后期（正德--崇祯）采用双勾填色方法。天启民窑青花轮廓线大多首尾相叠，有时超出0.5cm上下，崇祯时稍规整。晚明民窑青花染色随意洒脱，往往超出轮廓线。

1

【青花暗花云龙纹高足杯】

元 口径11.4cm

佳士得　1996年香港秋拍

HK$1,200,000 ~ 1,800,000

❷【官窑青花大盘】(局部)
明 永乐
日本东京户栗美术馆藏

❸【官窑青花龙纹钵】
明 宣德 口径24cm

❹【明景泰－天顺青花碗心】

❺【明万历民窑青花罐】

2 清代青花的绘画笔法

清代青花绘画继承了元明方法，又具自己的风格。总的来看，官民窑青花的绘画方法无明显区别。

图案性质的纹饰以双勾填色为基本笔法。仿明官窑作品在平涂的青料上再以浓笔点染仿铁锈斑。乾隆官窑青花上的点染浓笔成规则化排列。清代后期，这种源于仿古的点染方法已作为一种装饰笔法固定下来。

写实性质的纹饰笔法多样，移用了中国画工笔和写意的方法。康熙青花山水采用清初四王的山石画法，成为瓷上的山水画。光绪时新创的细笔花卉，格调高雅。

清乾隆以后民窑流行白描笔法，乾隆、嘉庆时笔画细瘦，纹饰繁密，道光以后的笔画粗壮，纹饰疏朗。

❶【青花番莲纹大碗】
清 康熙 口径 42cm

❷【官窑青花瓷片】
清 乾隆

❸【清中期民窑白描纹饰（瓷片）】

❹【青花缠枝花卉纹贯耳瓶】
清 乾隆 高 51.5cm
佳士得 1996 年香港秋拍
HK$8,000,000 ～ 11,000,000

3 明早期官窑青花的呈色（洪武 永乐 宣德

明官窑建于洪武二年（另说三十五年），因战乱进口青料供应中断，洪武官窑青花全都采用国产青料，灰蓝色为主色调，有些呈黑青色，或稍明丽的淡蓝色。无晕散或微见晕散。积聚青料处见铁黑色斑。

永乐官窑青花早期仍用国产青料，呈灰青色，和洪武青花相似。永乐中期起，使用进口的苏泥勃青（又称苏麻离青）料，这种低锰高铁的青料烧成后呈色青翠，积青处有下陷的哑光深斑，见放射状流散。

宣德官窑青花用国产和进口两种青料，呈色因工艺的改进均非常纯正。国产料灰青而纯净，进口料浓艳而鲜丽见结晶点及放射状流散。有些器物同时用两种青料绘制，如海水云龙纹中用国产料绘海水，用进口料绘龙纹，使画面出现层次。

1

【青花茶花纹大盘】（局部）

明 洪武　口径36.5cm

香港天民楼藏

2

【青花四季花卉纹菱口盘】

明　永乐（略残）口径 34cm

佳士得 1996 年香港秋拍

HK$80,000 ~ 100,000

3

【青花折枝花葵瓣口碗】

明　宣德　口径 22.6cm

佳士得 1996 年香港秋拍

HK$1,200,000 ~ 1,800,000

4 明中期官窑青花的呈色（成化 弘治 正德

从宣德到成化间的正统、景泰、天顺三朝，从未发现带年号的官窑器，称之为明代制瓷史上的空白期，官窑青花的情况尚未明了。

成化早期青花仍用进口青料，从器物造型到纹饰和宣德青花几无差别。成化中期进口青料用尽，官窑青花改用国产的平等青料。呈色略淡，非常纯净，有浓淡色阶，无黑斑也无晕化。

弘治官窑青花数量很少，其中大半是黄釉青花。用国产平等青料，呈色和成化官窑青花相似，但稍偏灰，后期更甚，淡雅的青蓝色中还夹有有少量深色斑点。

正德官窑青花早期用国产青料，呈色稳定匀净。青料厚重，积聚处呈青褐色，无晕散。因胎质欠净，和成化相比，稍见灰暗。正德末，启用产自云南的"回青"呈色蓝中泛紫，无浓淡色阶 ，和嘉靖青花相似。

① 【官窑青花加彩龙纹罐】

明 成化

② 【官窑青花梵文盘】

明 弘治

3

【官窑青花龙纹盘】

明 正德　口径 19.5cm

佳士得 1996 年香港秋拍

HK$400,000 ~ 500,000

5 明后期官窑青花的呈色（嘉靖 隆庆 万历）

明嘉靖官窑青花用回青料，呈色蓝中含紫，无明显浓淡色阶，有晕散，不见笔画的叠加痕。宣德青花呈色幽菁明亮，冷峻高贵；成化青花呈色淡雅，典雅清丽；嘉靖青花呈色紫翠艳丽，浓烈奔放。

隆庆官窑青花存世极少，用回青料，浓重幽艳，青紫色。

万历官窑青花呈色分为三期：

早期（万历二十四年前）用回青料，呈色青紫，和嘉靖青花相似。

中期（万历二十四年--三十四年）用回青掺和石子青，按不同比例分别称为上青、中青和下青。比例适当的呈色明丽而鲜艳。

后期（万历三十四年--四十八年）石子青比例增加，呈色灰穆，大件器物更为暗淡。

万历以后的天启、崇祯两朝，因政治昏暗，内外交困，官窑已停止生产。

❶

【官窑青花瓷片】

明 嘉靖

❷

【青花云龙方炉】

明 万历

③

【蓝地青花云龙纹碗】

明 嘉靖 口径 17cm

苏富比 1995 年香港秋拍

HK$2,000,000 ～2,500,000

④

【青花双龙花蝶纹方胜盖盒】

明 隆庆 天民楼藏

6 明代民窑青花的呈色

明代民窑青花除景德镇外，浙江、四川、湖南、广东、福建等地均有生产，以景德镇产品为主线。

洪武和永乐——用国产青料，淘炼欠精，呈深靛青色，青料积聚处有黑褐色斑点，有些见晕散，洪武晚期和永乐作品趋向明丽。

宣德——国产青料为主，呈色大多稳定，浓郁和淡丽均有。少量用进口青料，呈色青翠。

正统——以国产青料为主，偶见掺用进口料。灰青较少，有些见晕散。

景泰——用国产青料，因釉层厚而有细小气泡，使线条朦胧。

天顺——用国产青料，灰青色，浓厚处黑褐色。

成化和弘治——用国产青料，含灰，淡雅而纯净，无褐斑晕散，有浓淡色阶。

正德——用国产土青“无名子”，呈色灰穆，少数明丽，有浓淡色阶，淡的稍昏浊。

嘉靖——以国产青料为主，呈色青中含灰。少数用回青，呈色青紫。

隆庆和万历——隆庆和万历的前期用掺和进口料的国产青料，呈色青紫而鲜丽。万历中期开始，用上、中、下几种国产料，有靛青也有灰青。

天启——用国产石子青料，呈色略灰但清丽明快。无流散和斑疤。

崇祯——用较次的丰城料为主。大多呈色稳定，略含灰，不见晕散。积聚处有褐斑。后期有些呈色青翠明丽。

❶

【民窑青花花卉纹碗】

明 洪武至永乐

❷【明成化－弘治民窑青花纹碗及内心】

❸【明正德民窑青花斜壁碗】

❹【明万历民窑青花缠枝莲纹小罐】

7 清代青花的呈色

顺治青花早期的和崇祯相似，以灰青为多，晚期青花有一部分较青翠。

康熙早期青花灰青较多。中期青料淘炼精细，呈色纯正如蓝宝石，有浓淡不等的近十个层次，称“青花五彩”。后期的呈色不稳。

雍正青花呈色有纯蓝、灰青和青紫三种。官窑青花均纯蓝色，略有晕散。灰青色的见于民窑粗器。青紫色的多为仿明作品。

乾隆青花早期略见晕散，中期青花纯蓝色，有浓淡两种，浓处见黑斑。晚期青花呈色深沉。

嘉庆官窑青花早期的纯蓝微紫，后期的呈色趋灰，青色有飘浮之感。

道光青花呈色稳定，蓝色含灰是主要特征。

咸丰官窑青花大多纯正亮丽，和道光的含灰不同，少量的灰青色，民窑青花浓重灰青者为多。

同治官窑青花以青中含灰为多，少数的呈色明丽，民窑青花有青灰、青褐、青黑数种，浓淡均有，后期的见青紫飘浮。

光绪和宣统官窑青花有两种，一种画梅柳双燕等晚清风格的，呈色纯净，略带蓝灰色调；另一种画传统纹饰的，呈色明亮，青中含紫，有时见细微的小黑点。民窑呈色多样，纯蓝、灰青均有，一种用进口洋蓝的则青紫而晕散飘浮。

1 【青花赏月纹笔筒】

清 顺治　高 19cm

佳士得 1996 年秋拍

HK$25,000 ~ 30,000

❷

【青花人物纹】

清 康熙

❸

【青花八吉祥四足盉】

清 光绪

8 明洪武青花的纹饰特征

洪武官窑青花存世很少，都属大盘、大碗、盏托之类。纹饰均为花卉纹和几何纹，作图案化处理，规整稠密。具特征性的画法有：椭圆形扁菊纹，花瓣两层，外层一侧填色，花心双线围成画斜网纹；牡丹花瓣填色外用细线勾边，叶瘦削；蕉叶纹中茎双线勾成并留白；仰覆莲瓣纹互相借用边框，边框填色；五爪龙；二重如意云头的“风带如意云”等。

民窑青花采用粗笔勾勒点染的方法，线条遒劲，以各种圆弧形为多。碗心见各种简笔纹，早期的有水草、灵芝、菊瓣、龙形、海螺，中期后见山石，松竹梅、动物等。另见文字装饰，早期有草字“福”、“寿”，后期见隶书“福”、梵文等。外壁主题纹饰有云气、缠枝花、梅兰、芝草、花果、荷花等。

❶ 【官窑青花缠枝花卉纹杯托】

明 洪武　口径 19.7cm

苏富比 1993 年香港春拍

HK$300,000 ~ 400,000

❷【明洪武官窑青花扁菊纹】

❸【明洪武青花瓜叶纹】

❹【明洪武民窑青花碗心“福”字】

❺【明洪武民窑青花花卉纹】

❻【明洪武民窑青花云气纹碗】

9 明永乐青花的纹饰特征

永乐官窑青花早期的和元代及洪武青花纹饰相似，多见繁密缛丽的缠枝花，如缠枝牡丹、缠枝莲、缠枝菊等，用含灰褐的国产青料绘制。稍后，随着青翠明丽的进口苏泥勃青料的运用，纹饰采用疏朗有致的折枝花果，如折枝莲花、折枝菊花、折枝山茶等，以瓜果为饰是重要特征。辅助纹有蕉叶、如意云、波涛、回纹等。动物纹以龙凤为主。龙纹中少量的细颈、长身，稍后见肥身、肥爪。龙发有后掠和上竖两种。三爪、四爪、五爪龙均见。人物纹以婴戏为多。

永乐民窑青花纹饰已较洪武为简。碗心纹饰有束莲、芦苇、蒲草、芭蕉、梅月、禾草、飞雁、人物、乳虎、云雷、月华锦及福、禄、寿字。器物外壁的主题纹一般属图案式处理，最多的有松竹梅、结带绣球、莲花束、人物、禽鸟、走兽、如意、花果等。

❶【官窑青花轮花绶带葫芦扁瓶】

明 永乐 高 32.5cm

2 3 4

❷【明永乐民窑青花花卉纹碗】

❸【明永乐官窑青花花果纹盖罐】

❹【明永乐官窑青花束莲纹】

10 明宣德青花的纹饰特征

宣德官窑青花的制作工艺成熟，纹饰内容广泛，花卉纹、动物纹、人物纹和几何纹都能见到，尤以缠枝莲和宝相花为多。具特征性的纹饰有：龙纹张嘴伸舌，上颚高突，肥身，有竖发、披发及前披发几种，五爪龙的爪趾前后连接成一圆圈 ；回纹笔画通体相连，不见明初两个一组的画法；蕉叶中茎以较粗的双线勾成，不到叶尖相聚成三角形；莲瓣边框不填色而瓣心满色；配以庭院景色的仕女图等。

宣德民窑青花有粗细两种，绘画笔法多样，纹饰疏朗简约。初见口沿梵文一周作饰。碗心隶书和草书“福”字，或螺旋形花心、梅枝、轮叶莲、缠枝莲等。外壁纹饰有缠枝莲托八宝、螺旋形的结带绣球、螺旋形海水云气纹等。花心排列如菠萝鳞片、花叶肥短的缠枝莲等。

1 【官窑青花鹦鹉纹大盘】

明 宣德

2 【民窑青花莲托八宝纹碗】

明 宣德

3

【官窑青花双龙海水纹高足碗】

明 宣德 口径 9.8cm

佳士得 1996 年香港秋拍

HK$500,000 ～ 700,000

11 明正统青花的纹饰特征

正统青花纹饰的绘画笔法轻灵明快，线条有粗细变化，具节奏感。龙纹、松竹梅、缠枝纹、狮子纹、鱼藻、牡丹、孔雀、仙道、异兽、八宝等都属常见。肩部多以钱纹为地，胫部以蕉叶、变体莲瓣和海水为多见。

具特征性的纹饰有：

松针正圆形，后期改为一头圆一头尖的椭圆形；

后期主题纹饰加绘山石、土坡和丛草；

缠枝莲托八宝的法轮光焰呈上尖下圆的封闭图形；

回首仰望或仰首前瞻的犀牛望月图，四周以道家杂宝补白；

环绕盘心的叠合人字纹饰带；

变体莲瓣螺蛳靥形，或简或繁；

莲瓣双层，下层加瓣心并涂青，上层莲瓣夹于两瓣之间仅露瓣尖。

❶

【民窑青花兰石云气纹碗】

明 正统

2

【青花瑞兽纹盖罐】

明 正统 高 42.2cm

苏富比 1995 年香港秋拍

HK$600,000 ~ 800,000

12 明景泰青花的纹饰特征

景泰青花绘画题材增加，几何图案减少。各种人物最具特色，如高士、仙人、历史故事、婴戏等。

常见纹饰另有十字杵 、海水飞鱼、荷塘、土坡、狮子、白菜、缠枝纹等。

具时代特征的纹饰有：

人物加饰卷云纹，由弹簧状曲线组成，如撕破鱼网；

松针椭圆状，或一头圆一头尖；

土坡为简单折线加圆弧，用青料渲染，上加饰草丛和山石；

卷草纹尖端有一船状叶；

口沿饰二叠龟背纹（呈六角形蜂房状）；

如意云的云脚向右飘拂；

蕉叶纹边缘用青料大笔渲染；

竹干一笔画成，竹叶呈棕榈叶状。

1

【青花楼台纹大碗】

明 景泰　天民楼藏

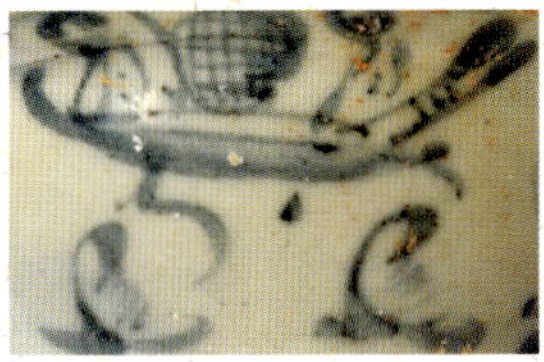

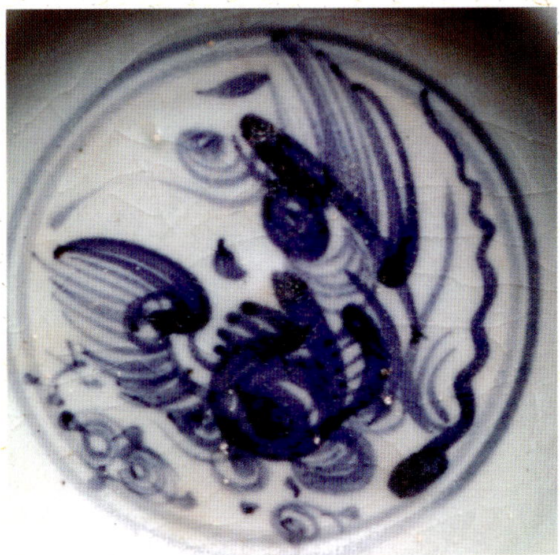

2

【青花行旅图碗】

明 景泰

3

【犀牛望月图】

明 景泰

13 明天顺青花的纹饰特征

天顺青花已具明中期淡雅和疏朗的风格。

器心纹饰有海水螺蛳（外有圈）、折枝莲花、牡丹山石、花坛、蜗牛、海水云纹、草龙杂宝、团花、狮子盘球、莲池、莲瓣梵文等。

器壁主题纹饰有松竹梅、秋瓜、莲鱼、异兽、双狮及各种花卉纹。缠枝花卉纹中以莲花为多，另见缠枝牡丹。牡丹纹白描后以青料涂地。

特有纹饰如：

团花由花果枝叶组成；

花卉加藤蔓卷须；

三叠和多叠龟背锦，或龟背锦地开光；

海水浪花仙人掌状；

复叶卷草纹；

套叠卍组成的饰带；

锯齿边缘、芒刺状叶尖的狭长蕉叶；

外有双勾葵瓣边的蕉叶。

❶

【青花携琴访友图碗】

明 天顺至成化

2

【青花松竹梅纹碗】

明 景泰至天顺

14 明成化青花的纹饰特征

成化官窑青花绘画改用细线双勾，浅青料填色，填色时用大笔涂抹，不见永、宣青花小笔填色而出现的笔痕和留白。图案性质的纹饰占很大比例。龙纹出现最多。夔龙属特有造型，嘴唇上衔一支莲花或花枝，飞翼，龙尾卷曲成花叶状。花卉纹有百合、罂粟、牡丹、菊花等，宣德时常见的西莲已很少绘制。另外，十字杵、婴戏图也属常见。

成化民窑青花的绘画笔法多样化：主题纹饰单线平涂，辅助纹饰勾勒；全部单线平涂或全部勾勒点染；用粗而圆柔的线条一笔勾勒。

器心纹饰有秋葵和马兰花组成的秋色图，圆球状松针的松竹梅，两重花瓣的菊花，一枝两杈两花的连理牡丹和结带杵等。

器壁灰题纹饰见牡丹全枝、缠枝菊、莲托八宝等。

特征性纹饰有：

折枝花的花螺旋状；

藤本植物的藤呈弹簧状；

缠枝纹的隙间满填细小蔓草或卷叶；

莲池纹中浪花采用白描方法，并蒂莲；

翼龙和卷草状龙身的香草龙；

太湖石一笔画成。

❶

【官窑青花花卉纹盘】

明 成化

日本东京 松冈美术馆藏

2

【民窑青花花卉纹碗】

明 成化

3

【官窑青花藏文杯】

明 成化 天民楼藏

4

【官窑青花藏文杯瓷片】

明 成化 江西景德镇出土

15 明弘治青花的纹饰特征

弘治青花和成化有相似之处，具明人恬静平和的田园气息。

官窑青花以龙纹为多，有云龙、双龙戏珠、莲池龙等。双龙戏珠和莲池龙属弘治新创。另见花果、梵文、番莲等纹饰。黄釉青花是弘治官窑的杰作，所制黄釉大盘一般为盘心画玉兰，内壁画石榴葡萄，外壁画牡丹，底均下塌。

民窑青花用圆润而流畅的线条双勾后填色，也见粗笔勾勒的纹饰。和成化相比，纹饰简约纤小，有莲池海螺、湖石菊花、麒麟杂宝、云气、灵芝、狮球、奔马、水草等。人物纹有仙翁、高士、西厢、婴戏等，神态自然而生动。松鹤寿星纹是弘治民窑青花的代表纹饰。

❶【官窑青花双龙戏珠纹盘】

明 弘治 口径21cm 天民楼藏

❷【民窑青花松鹤图】

明 弘治

3

【官窑青花花卉纹盘】

明　弘治 口径 26.2cm

佳士得 1992 年香港春拍

HK$600,000 ～ 700,000

16 明正德青花的纹饰特征

官窑青花用双勾填色的方法，线条雄健而轻快。填色用大笔平涂的方法，因技术娴熟而不见笔痕。纹饰以缠枝花卉纹为主（牡丹、枇杷、石榴、葡萄）。龙纹普遍使用，龙身细长，头扁平如鳄鱼，周围满饰番莲、枝叶。人物少见。以波斯文为饰是正德青花的特征，外销瓷中尤多见。

民窑青花勾勒线条工致但稍细弱。构图疏朗，后期已不见满填枝叶的缠枝花。常见纹饰有缠枝莲、并蒂莲、海水飞龙、树石栏杆、乳虎、奔马、大叶牡丹花、灵芝云、松下仕女、田螺、方胜、鹤鹿、花鸟、钱纹、海涛等。

1

【官窑青花龙纹碗】

明　正德

2

【黄釉青花盘】

明 正德 口径 20cm

苏富比 1995 年香港秋拍

HK$1,200,000 ～ 1,500,000

3

【民窑青花海马纹碗】

明　正德

17 明嘉靖和隆庆青花的纹饰特征

明嘉靖青花数量浩大，纹饰广见新意。龙纹仍最常见，出现龙头的正面图案。除单一龙纹外，还有龙凤合绘一体的龙凤纹及龙和龟、麟、凤合绘的“四灵”纹。受同时代织锦影响，图案性质的花卉增多。人物纹中少虚幻情景，代之以婴戏、行旅等内容。因道教盛行，八卦、八仙、云鹤等多见。另外，游鱼、戏禽、花捧寿字等都属这一时期的常用纹饰。

民窑青花纹饰常见龙凤、戏狮、游鱼、芦雁、蟹介、婴戏、花卉等写实纹样。具时代特征的纹样有：

石兔纹(白兔画于山石之中)；

太湖石的石孔大且多；

连理花卉纹(牡丹、菊、番莲等)；

牡丹花花瓣密勾筋线，边沿有层层弧线；

花卉叶细小，叶脉密，有些叶脉如平行线；

牡丹、菊花、芍药的叶呈鹅掌状；

灵芝的菌伞网络状；

缠枝花卉纹由大卷叶和小尖叶组成；

卷云十字状，云脚细长飘逸；

婴孩头前额大，后脑突出。

隆庆官民窑青花纹饰和嘉靖几无区别。官窑青花更为繁缛稠密，内外绘画，青翠淋漓。

❷

【官窑青花婴戏寿字纹葫芦瓶】

明 嘉靖 高 62.5cm

佳士得 1996 年香港秋拍

HK$120,000 ～ 150,000

1

【官窑青花三羊开泰仰钟式杯】

明 嘉靖 高10.4cm

3

【民窑青花灵芝纹碗】

明 嘉靖

18 明万历青花的纹饰特征

万历官窑青花勾勒线条挺拔有力，纹饰多繁密缛丽，以龙凤、人物、花卉为常见。龙纹细身，龙首上颚突出，鼻尖如意状象猪嘴，称猪嘴龙。人物纹戏曲故事减少，神话题材增多，有婴戏、仙人、高士、四美等，人物均头长身短。花卉纹缠枝形式，以缠枝莲为多，另有牡丹、月季、石榴、桃实、番莲、葵花、菊花、梅花等。花卉纹中夹捧"福"、"寿"、"万"等字。

民窑青花采用多种绘画方法，有双勾填色、白描、没骨画法（青料涂出纹饰形状再画筋脉）和青地白花几种。隆庆、万历时新出现的纹饰有天官麋鹿、三凤和三螭、百鸟、杂宝、折扇、博古、花篮、马上封侯等。

多见锦地开光方法，有卍锦、古钱锦、梅花锦等。外销盘周沿采用开光方式。龙身鳞片成锯齿状。凤颈有细长绒毛。

1

【官窑青花人物纹梅瓶】

明 万历 高 52.5cm

佳士得 1996 年香港秋拍

HK$400,000 ~ 600,000

2

【青花云龙纹洗】

明 万历

3

【青花月桂白兔纹瓷片】

明 万历

底“大明成化年制”款

4

【民窑青花狮纹瓷片】

明 万历

底“大明嘉靖年制”款

19 明天启青花瓷的特有纹饰

天启青花采用变形和夸张方法，融入了明末绘画的情趣。特殊纹饰有：

人物脚下踏练状云纹以示梦幻图景；

菱形灵芝托“寿”字或“喜”字；

碗心莲花托“寿”字，“寿”字两侧有莲叶包围；

碗心月华锦内“寿”字，有些外围光轮；

三脚如意云（左右两则和下面），画于器物外壁；

碗心饰花盆山石花草，山石圭形或外沿用内凹弧线画成；

树的分枝两侧伸出如八字，又称双株树，右枝或画一小鸟；

简笔画成的细腿麋鹿和平肩方翅飞燕；

风带八宝或称风带杂宝（用帛带结扎书卷和珠子之类道家宝物）。

另外，布满器身的方笔寿字、锯齿形口沿饰带、双角灵芝、光焰宝珠、连环六瓣花形、叶轮团花也常见于天启青花。

❶

【外销青花葡萄纹盖罐】

明 天启 高20.5cm

2

【青花菊石兰草纹盖罐】

明 天启至崇祯

3

【民窑青花莲鸭碟】

明 天启

20 明崇祯青花的特有纹饰

崇祯处于政局飘摇、经济凋零的社会变动时期。青花纹饰具荒诞奇异的特征，充满颓废与骚动。纹饰内容绘画题材为多，古寺、荒村、高士、老僧都生动而传神。

特征性纹饰有：

芦汀野鸭、枯木寒鸦、果枝栖鹊、玉桂白兔、白云飞鹤、莲池游鱼、舞带狮子。

秋江待渡、柳荫春烟、秋江草亭、柳溪观鱼、春江烟雨、柳岸莺舞。

叶筋留白的缠枝葡萄。

三角形叶牡丹花、较大的扁圆形折枝果、白描或单笔的兰花、串枝竹叶、双角灵芝、短柄团花。

变体飞丝龙饰带、雨雪松球锦纹带、云脚内侧加点的字云。

青花釉里红海水鲤鱼。

《赤壁赋》全文并东坡夜游图，碗心题“崇祯年制”、“天顺年制”、“永乐年制”等款。

❶ 【外销青花松竹纹盖罐】

明 崇祯　高 15.9cm

❷ 【民窑青花高士图瓷片】

明 崇祯

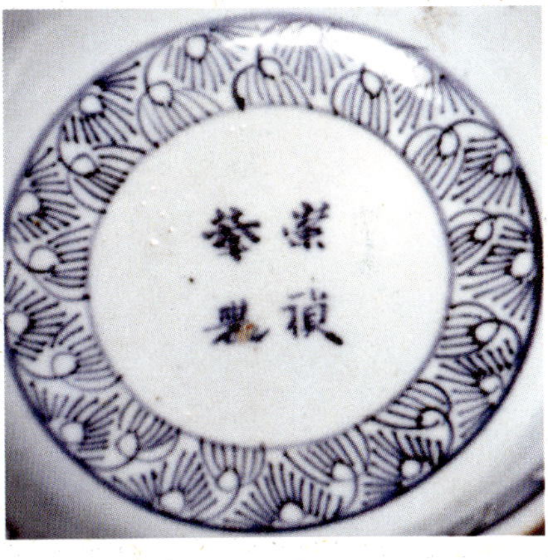

3

【民窑青花东坡夜游图碗】

明 崇祯

【元青花兽钮三足炉】

【明宣德青花鹦鹉纹大盘】
【元青花双凤八棱葫芦瓶】
【清雍正青地白花菱口碗】

21 清顺治青花瓷的特征

自明万历后期至清康熙前期大约60年间，官窑停烧，民窑独秀，艺术风格特殊，西方称之为过渡时期，以顺治瓷为代表。

青花的胎骨大多粗松，含灰，釉青白厚润，口沿普遍施或深或浅的酱黄釉。青花呈色灰青居多，有凝重感，少量的翠丽。

纹饰线条大多粗壮，多见人物、云龙、端兽、花卉、湖石等，纯图案性质的内容较少。画面有刻板沉闷之感。

特征性纹饰有：

太湖石玲珑瘦削，棱角分明，加染青料呈阴阳面；

山水风景用清初四王的“披麻皴”法，附题句及干支纪年；

芭蕉画出主干，叶的主茎中空，梳状叶脉加染青料；

土坡加绘小的山石，草丛鱼鳞状；

火焰纹由两至三个“W”组成；

朵云纹外勾白边；

龙凤或瑞兽纹描白边；

风景纹加绘月亮或太阳；

折枝莲叶大、花小、茎细。

1

【青花鸡竹花叶纹笔筒】

清 顺治 口径20cm

佳士得1996年香港秋拍

HK$40,000 ～60,000

❷【清顺治青花博古图纹盘】

❸【青花湖石纹】

清 顺治

❹【青花湖石纹瓷片】

清 顺治

（戊子年为清顺治五年即 1648 年）

22 清康熙官窑青花瓷的特征

清代官窑建于康熙十九年（1680年），此前的官窑器均由民窑代烧。

康熙官窑青花胎土细密，瓷化程度好，胎骨沉重，很少见火石红。

釉早期青白色，中期粉白色和浆白色，晚期亮青色。胎釉结合好。不见酱釉口，有些口沿施浆白釉。

青料淘炼极为纯净，呈色明艳翠丽，有近十个深浅色阶。青色深沉釉底。康熙末青色趋灰且见晕散。青花中有分水渲染形成的浓淡水痕。

纹饰绘制采用中国工笔画方法，细腻而传神。山水出现斧劈皴。有些风光图用西洋画中的透视原理。龙纹和瑞兽纤发毕现凶猛威武。康熙末出现渔樵耕读的题材。图案纹样占较大比例，缠枝莲最典型。青花书写的全篇文章为特有装饰。

多见仿明青花作品，以仿宣德、成化、嘉靖为多，器型纹饰相似但青料不同，胎骨和釉色略见区别，题明代款。小器异常精美。

造型以小件日用器和文玩为主，少见大器。

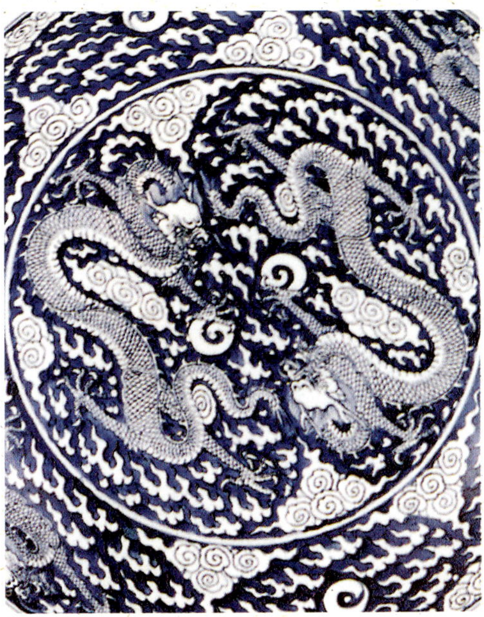

❶【官窑青花龙凤纹杯】
清 康熙 口径 8.5cm
佳士得 1996 年香港秋拍
HK$70,000 ～ 100,000

❷【官窑青花团凤纹瓷片】
底“康熙年制”款

❸【官窑青花团鹤纹瓷片】
底“大明成化年制”款

❹【官窑青地白花云龙纹】

23 清康熙民窑青花瓷的特征

清代早期官窑停烧，民窑异常活跃，产品精美成就斐然。

早期胎骨粗重，中期以后洁白坚致，手感沉重。釉淡卵青肥厚，后期清亮。早期有酱釉口，厚胎器物有浆白釉口。底部釉薄见旋削纹和细小缩釉点属典型特征。

用国产青料，早期灰青而深沉，后期翠青而明丽。

早期用粗线勾勒填色方法，填色准确。中期起有细线双勾分色，白描青料染地，洒蓝开光和刻花描青，蓝地白花等方法。

早期纹饰以云龙、瑞兽、人物、山水为主。人物造型简洁、线条平直，表现历史故事的刀马人最具特色。出现“福”、“寿”字等吉祥文字。用诗画结合的方法，典型器物如酱釉口青花盘，中画秋叶一片并题“梧桐叶落，天下皆秋”题句。

中后期纹样增多，如牡丹山石、博古、草龙、福寿葡萄、芭蕉梧桐、冰梅、四季风光、西湖景色、八骏、瑞兽等。

器物底部有秋叶、花形、团龙等图形款，另有边长1cm见方的图形标志。

器物造型雄浑，代表性器型有将军罐、大茶缸、方瓶、凤尾尊、棒槌瓶等。

1 【青花狮穿牡丹图将军罐】

清 康熙　高 49.5cm

❷

【民窑青花人物纹瓷片】

底有“四美鼎玉雅制”款

❸

【外销青花盖罐】

清 康熙

24 清雍正青花瓷的特征

雍正官窑青花器胎骨糯白，民窑器稍粗。典型的官窑青花釉层白中泛青，纯净厚润。釉中密含气泡，大小混杂套叠，釉表有细桔皮纹。有些民窑产品见粉白釉，大多含青。

青花呈色有纯蓝、灰蓝和青紫三种。标准的官窑青花呈色极为纯正，见深浅色阶，略晕散。民窑粗器灰蓝色，民窑仿明作品青紫色。

官窑青花在仿明中形成自己的风格。仿明早期青花以仿真求象为目标，仿明中后期作品则作改造，纹饰更工致精雅。

雍正仿明永乐、宣德的大盘都很象，区别有三：一是仿品圈足为圆脊，真品圈足平削。二是仿品砂底并有旋削痕，真品砂底经打磨平滑有火石红。三是仿品青花中重笔点染仿铁锈斑，真品黑斑分布自然且有下凹，表面哑光。

雍正青花的纹饰有八宝、八仙、梵文、花卉及各种吉祥纹。康熙青花常见的戏曲故事人物已少见，折技花、三果、花鸟、花蝶、团花、石榴、九桃等都属典型纹饰。画面疏朗清新，风格典雅。

雍正民窑青花上多见1.5－2cm的方形标记，中以弧线及直线构成图案，形式很多，属雍正或乾隆初特有标志。

1

【青花夔凤纹瓶】

清 雍正 高13cm

苏富比1993年香港春拍

HK$280,000 ～ 350,000

2

【青花莲花纹】

清 雍正

3

【青花画轴】（一对）

清 雍正

25 清乾隆青花瓷的特征

乾隆青花在雍正仿明的基础上形成了清代青花的特有风格，以平稳、华丽和装饰性为特征。

胎骨细白，釉层略含青，气泡微小，釉表莹亮。出口瓷见浆白釉，民窑器有灰青釉。

早期青花略晕散，中期为纯蓝色，有浓淡两种，浓重处见黑斑。晚期呈色沉闷。

绘画有单线平涂和单线平涂后点染两种，线条平滑均匀，填色一丝不苟。

将纹饰作程式化图案化处理。把雍正仿明青花的点染作为一种画法继承下来，深色点大小一致、均匀排列。

题材以福、禄、寿为中心，常见的有龙凤纹、花蝶纹、莲池纹、松鹿纹、山水纹、树石纹、云蝠纹、寿字纹、三果纹、冰梅纹、松鹤纹等。

器型复杂奇巧，各种象耳、兽耳、螭耳装饰的陈设器流行，印盒、笔洗等各种文房用具官民窑均有生产。

乾隆时另有青釉青花、天蓝地青花、哥釉青花等色釉青花产品。

1

【青花缠枝莲花纹天球瓶】

清 乾隆 高 61cm

佳士得 1996 年香港秋拍

HK$450,000 ~ 600,000

2

【青花缠枝花卉纹赏瓶】

清 乾隆　高 37.5cm

3

【青花折枝花卉果纹梅瓶】

清 乾隆　高 32.5cm

26 清嘉庆青花瓷的特征

清嘉庆青花初期尚佳，以后胎骨渐松，手感轻。修胎欠精。底足粗壮，宽窄不匀。

釉有青白和浆白两种。釉层渐薄。也有些官窑青花釉层厚润如玉，和雍正青花相似。民窑器釉层薄，釉面见波浪痕和荞麦粉状斜点，称“荞麦地”。

青花早期纯蓝微紫且渐趋深黑，晚期的略灰且浮于釉面。

官窑青花有单线平涂和单线平涂后点染两种画法。民窑青花流行淡描青花。

官窑青花纹饰基本上沿袭乾隆，如缠枝莲、云龙、八吉祥纹等。鹿鹤同春图属典型纹饰。

民窑青花中勾莲喜字纹开始流行，这种纹饰延至宣统仍见生产，总的趋势是时代越晚的喜字越大，喜字也由双勾填色改为一笔刷成。

豆青釉堆粉青花民窑中流行。这种画法康熙时已见，嘉庆时堆粉最厚。

器物造型线条渐生硬。方形器如六方扁瓶、八方花盆等出现在民窑青花中。

❶【内外青花花卉纹碗】
清 嘉庆

2

【官窑青花云龙纹瓶】

清 嘉庆

3

【青花缠枝莲八吉祥纹兽耳瓶】

清 嘉庆 高 47.7cm

苏比富 1995 年香港秋拍

HK$80,000 ～ 100,000

27 清道光青花瓷的特征

道光青花前期尚精，后期渐走下坡。

胎骨疏松。圆器较薄，琢器较厚。釉有青白、白与粉白三种。民窑器釉层厚郁，含极多气泡。

青花呈色含灰，缺少亮丽感。

纹饰规整平稳。花卉画法以单线平涂为主，线条均匀但缺少力度。白描青花为民窑日用器的主要装饰方法。流行内青花外粉彩和内青花外酱釉的装饰，青花一般是白描花卉。

装饰渐简约疏朗，花卉纹更加图案化，有些同剪纸相似。带日本风格的皮球花较多应用。官窑器有仿康熙山水作品，民窑器见仿康熙刀马人纹样，放牧、飞蝶、龙戏、婴戏等题材被重新设计后出现于民窑青花上。

器物造型大多沿袭乾、嘉，如天球瓶、玉壶春瓶、葫芦扁瓶、赏瓶、觚、胆瓶等。形制笨拙，线条生硬，比例失调，民窑器尤甚，渐现晚清造型特征。

❶

【青花缠枝莲纹赏瓶】

清 道光 高 37.5cm

2

【官窑青花松树纹瓶】

清 道光

3

【青花莲禽藏文碗】

清 道光

28 清咸丰青花瓷的特征

咸丰五年（1855年）景德镇官窑毁于兵火，官窑青花仍属精致，但流传很少。

官窑青花胎骨较道光细薄，制作规整，釉色净白，釉面平滑。民窑青花胎骨粗重疏松，釉色青灰。

官窑青花呈色纯正明丽，与道光的青中含灰已不同，少量的灰蓝。民窑青花中细笔纹饰的呈色较为纯净，重笔山水的呈色浓重灰青。

官窑青花纹饰沿袭乾嘉，如竹石芭蕉、云凤等几无两样。民窑纹饰多见太师少师、刀马人、山水、牡丹、松鹿、和乾嘉民窑相似。纹饰以释道吉祥纹为主，有八宝、八仙、八卦、三星、三友、罗汉、生肖、福寿、博古、云龙、云凤、云蝠、云鹤等。

造型官窑器规整，民窑器粗壮。民窑青花的瓶类口大颈粗，壶类口小腹鼓，具时代特征。

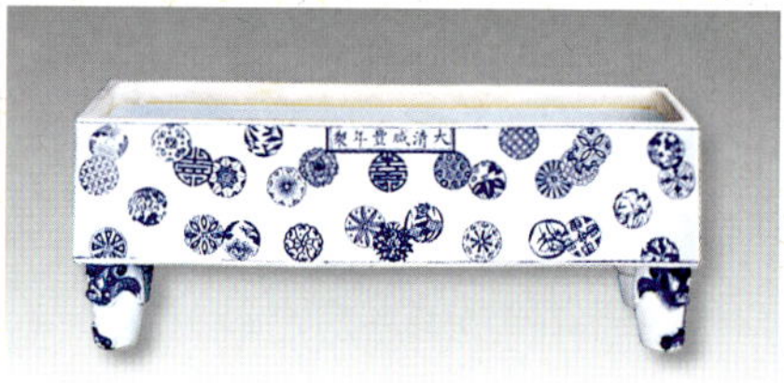

❶ 【青花皮球花方炉】

清 咸丰

❷ 【官窑青花云凤纹盘】

清 咸丰

3

【青花花卉纹渣斗】

清 咸丰 高 8.4cm

台北 故宫博物院院藏

29 清同治青花瓷的特征

同治官窑于1866年重建，官窑青花有题同治年号和慈禧居室殿名两类。

官窑青花胎体较细，民窑器则大多粗重，大瓶类尤明显。官窑器釉粉白居多，民窑器含青或含灰且较稀薄。

青花略含灰，少量的翠丽。民窑青花含灰、含黑或含紫，较混浊，有飘浮之感。

官窑青花纹饰沿袭前朝，以番莲、云龙、竹石芭蕉、岁寒三友为多。水仙、葡萄、兰菊等观赏花草纹是同治官窑常用题材。

民窑青花有日用器皿和婚嫁瓷两类。西瓜坛、大瓶、大盘、盖盒、帽筒、茶壶、灯盏、壁瓶是常见造型。纹饰有白描青花和传统图案两类，勾莲喜字、锦地开光喜字、牡丹双凤、博古、马上封侯、状元及第、五谷丰登属常用纹饰。

哥釉贴黑泥青花、豆青釉青花在同治民窑观赏瓷中也较多见到。

❷【青花双龙赶珠碗】

清 同治

1

【青花花卉纹赏瓶】

清 同治

30 清光绪青花瓷的特征

光绪时瓷业中兴，官民窑青花品质远超咸同。

官窑及民窑精品胎土细净，釉青白为主，有一部分浆白釉，釉层薄。

官窑青花有两种呈色。一种略灰但极净雅是光绪官窑的特有呈色。另一种青中含紫，明艳亮丽，用于仿古瓷或传统产品。民窑青花呈色多样，有靛青、灰青、青紫色洋蓝三种。

官窑青花仍以单线平涂为主，线条平稳，填色单一，仅浓淡两个层次。光绪时新创工笔画法、笔法细腻，风格清新，用于梅柳双燕等新创纹饰中。

纹饰沿袭前期，但作简单化和程式化处理。仿康熙缠枝莲作品很多，省去了染色工序，使纹饰更图案化。云龙纹和云凤纹对称处理，花卉纹缛繁华茂。

民窑青花走商品化道路，品种繁多，既有可以乱真的仿古瓷，又有各式实用器。香炉、玉壶春瓶、帽筒、印盒、碗碟、大瓶都属大宗产品。明清各朝纹饰都在模仿，用笔粗犷、流畅而自信，具野逸画派的情趣。

❶ 【青花梅柳双燕纹碗】

清 光绪

2

【官窑青花缠枝莲纹大罐】

清　光绪　高 52cm

3

【青花松猴纹碗】

清　光绪二年

31 清宣统青花瓷的特征

宣统青花和光绪制品无明显差别，工艺上更精致。

胎骨细薄甚于同光。釉青白或白。白釉中仍见一丝青色，和民国时的纯白不同。釉层中极少气泡，明亮透底。

青花呈色多样，官窑青料呈色青中含紫，翠丽明艳。民窑青花以灰青为主，有些紫而飘散。

纹饰完全承袭前朝，有八卦云鹤、海水瑞兽、蚕纹、团龙、寿字、云龙、缠枝莲等。民窑陈设大瓶中多见人物纹，如竹林七贤、三顾茅庐、婴戏等。晚清流行的螺圈状云蝠纹也有较多应用。

1

【青花八卦云鹤纹碗】

清 宣统（一对）口径 13.4cm

HK$30,000 ~ 40,000

❷

【青花蚕纹寿字盘】

清 宣统

❸

【青花折枝花卉纹小碗】

清 宣统 口径9.7cm

32 民国初青花瓷的特征

民国初青花工艺上得到改进，艺术上追求新意，有很多成功作品。

胎骨细薄，大器稍重，初期釉含青，二十年代后洁白。釉层薄亮透明。

青花呈色艳青、灰青都有。用工业钴料的呈色单调飘浮。

作品以各式餐具为主，另有茶壶、暖锅、茶缸、盖罐、大瓶、印盒等。用作陈设的人物、动物等小摆件系新设计的品种。

纹饰有团鹤、云龙、花卉、人物等。其他博古、梧桐等专用作外销瓷。

民国初青花中有几种著名产品：

青花玲珑瓷——明永乐始见，二十世纪初流行，胎薄釉润，餐具为多，有些加绘金彩或红彩，底或有“玩玉”二字。纹饰有石桥图、梧桐图、团鹤图、寿字图、菊花图、云龙图等。

青花釉里红鲤鱼盘——画面简洁，造型抽象，鱼有雌雄两式。砂底。有八寸、九寸、十寸三种规格。

外酱釉内青花碗——外酱色釉（或称紫金釉），内绘金鱼水草，三十年代后已停产。

民国初青花中，有“江西瓷业公司”等公司款的都属精瓷。

民国初瓷画流行，著名艺人王步以青花作画，酣畅淋漓如水墨画，颇具功力，称“青花大王”，开创现代青花釉里红瓷画品种。

1 【青花釉里红鲤鱼盘】

清末民初

2

【王步 青花东坡赏砚图瓷板】

1939 年

3

【青花开光粉彩方瓶】

二十世纪初

33 日本的青花瓷

日本将青花称为“染付”，使用的青料称“吴须”或“唐吴须”。青花由中国传到朝鲜，再由朝鲜传到日本。

日本青花烧制最早可追溯到江户时代（1603——1876）初的1616年，相当于中国明万历四十四年。产品以日用器为主，纹样多是简练的松、竹、梅、柳、葡萄、卷草等植物纹，青花呈现色灰蓝，发色较暗。

江户中期生产古朴的青花碗深受欢迎。这时日本陶都濑户制造陶胎的“青花石皿”，手制成型，胎体厚重，呈扁平的长方形，纹饰有野鸟、野兔、人物、花草等，稚拙而可爱。

江户后期青花制作已很普遍，有瓷胎青花，也有半陶半瓷的青花。茶道用具如水指、茶入、茶碗、香盒、香炉、餐碟等深受欢迎。青花纹样受中国清代青花影响，色调鲜艳，俗称“青华手”。

日本青花中，可被视作官窑的是锅岛烧，1675年（相当于中国康熙年间）开始生产。造型基本是盘，另有碗、瓶、壶、釜。胎质细腻，声音尖脆，以元禄年间（1688——1703）生产的最好。纹饰大多为花卉和果蔬，注重写实，连叶上的虫洞和枯叶都真实地表现出来，另有斗彩作品，填彩准确。

1 【青花山水人物纹八棱大罐】

高 51.6cm

❷

【青釉青花紫阳花纹盘】

锅岛烧 口径20.1cm

❸

【青花花卉纹盘】

十七世纪末～十八世纪初

锅岛烧 高20.2cm

【明何朝宗作德化白瓷观音像】

【明龙泉青釉大盘】
【清雍正黄釉直颈瓶】
【清康熙豇豆红太白尊】

34 历代哥釉瓷的鉴定要点

哥釉表面有大小深浅不同的纹片，大的称冰裂纹，小的称鱼子纹，以大器小片和小器大片为贵。哥釉器宋元明清均有生产。

传世的宋元哥釉器列为宋代五大名窑之一，窑址至今不明，可能非一地生产。宋元哥釉釉层厚，有缩釉点。釉层中有极密的汽泡。釉色以灰青、月白为主，另见粉青、米色、青黄等色。纹片除黑色外还有黄色、红色等。口沿呈褐色，底涂深色护胎汁。瓷胎和陶胎均有，厚薄不一，呈深浅不同的灰色或灰黄色。

明代哥釉前期主要由官窑生产、后期江西吉安的永和窑也开始烧制。

明代官窑仿哥釉灰白色胎，大多胎骨厚重。明前期仿哥瓷只仿釉色不仿器型，宣德制品釉面略带油光见桔皮纹，通体有细碎片纹。成化制品釉肥厚光亮，由黑灰色大片纹和金黄色小片纹交织而成，口足施酱黄釉。明后期仿哥注重釉色和器型的一致，因釉层极为厚润，轮廓都圆柔浑厚，釉面欠平整。

清代仿哥官民窑均有。清初仿哥以雍正为好，由大而深和小而浅的片纹交织而成，称“金丝铁线”。釉内含微小气泡，釉表光泽微弱，底面支钉痕较宋器大。民窑仿哥烧制较多。康熙民窑仿哥口沿多施白釉，雍正和乾隆制仿哥釉盘的底部有黄豆大小酱釉点，象征支烧。嘉道仿哥呈灰白色，晚清仿哥为粉青色，都以釉面粗松为特征，有些在口沿或底部涂黑。

❶【官窑六棱双耳瓶】

清 雍正　高 28.7 cm

台北故宫博物院藏

❷【哥窑月白釉折沿盘】

元 口径 15.6 cm

HK$600,000 ~ 800,000

❸【明哥釉鱼耳炉】

35 历代影青瓷的鉴定要点

影青瓷又称青白瓷，宋元和明初有生产，釉色带极淡的天蓝色或水绿色、米黄色，历代釉色略见区别。

北宋影青瓷釉层薄而透亮，釉色早期偏黄带纹片，中后期为纯正的青白色。早期制品无纹饰或刻花。中期制品刻花加篦纹，晚期制品用印花工艺。采用支烧或垫烧法，后期出现覆烧法、口沿露胎。

南宋影青釉层较北宋厚，透光性差。釉色有两种，覆烧的釉层偏黄色，仰烧的青白色，也有些呈水绿色。胎骨较北宋为厚。

覆烧制品口沿薄而底足厚，不见圈足，底满釉。装饰以印花为主，另有刻花和篦纹，晚期出现雕花装饰。

元代影青釉层大多较薄，青白色、米黄色、水绿色均有。有铁褐斑装饰，斑圆形或不规则形，深沉有力，四周似见晕化。碗盘等大宗产品用印花方法，陈设瓷用刻花、雕花方法。佛像和瓶类见连续串珠纹装饰。元代影青瓷工艺粗陋，逐渐变异衍生出卵白、青花和釉里红等新的品种。

明初影青已很少烧制，被甜白所替代。

1 【影青牡丹纹花口瓶】

北宋

❷【元影青褐斑盖罐】

❸【影青印花花卉纹带盖梅瓶】

南宋

HK$70,000 ～ 90,000

❹【影青褐彩花卉纹碟】

元 韩国新安海底沉船发现

36 历代龙泉青瓷的鉴定要点

浙江龙泉青瓷五代至清初间生产，宋元时产量巨大，影响深远，各代制品特征有别。

五代龙泉青瓷釉薄，呈黄绿色斑驳不匀，底露胎赭褐色。五代末的釉层浅淡而透明。

北宋龙泉青瓷浅灰色胎，底足露胎处见赭褐色窑红。釉层透明，有大小而稀疏的气泡。釉层绿中带灰黄。

南宋龙泉有白胎和黑胎两种。

白胎青瓷分粉青和梅子青两种。粉青釉又称虾青釉，胎灰白，釉层透明度差，釉表柔和。梅子青胎色白，釉层略透明，厚润如玉。

黑胎青瓷系仿宋官窑制品，胎为深浅不同的灰黑色。釉色有棕黑色玻璃釉和釉表柔和的青灰色釉。釉表有疏密不等的纹片，圈足和口沿等处呈紫褐色，即紫口铁足。

元龙泉青瓷胎体厚重，釉半透明，光泽强，含气泡，黄绿色。底面中心有不规则釉斑，露胎处有红褐色窑红。

明龙泉青瓷胎体厚重，制作稍粗，胎色灰黄。釉层前期半透明，后期透明。釉色有青灰、茶叶末、灰黄等几种，有些见纹片。露胎处有赭褐色窑红。

①

【龙泉青瓷琮式瓶残片】

宋

2

【龙泉青瓷褐彩高足杯】

元 韩国新安海底沉船发现

3

【龙泉青瓷划花罐】

明

37 历代越窑青瓷的鉴定要点

越窑青瓷始烧于战国终于宋代。

战国原始青瓷采用浸釉法施釉。釉层薄而均匀，有缩釉点，釉绿色或绿中泛黄，器物内底有切削的螺旋纹，外底有切割痕。

秦汉青瓷淡灰色胎，用刷釉法施釉，在器物的肩、口和内底上釉。釉层玻化程度好，较前厚。呈色稍深，青绿或黄褐色。

东汉青瓷瓷化好，釉透明光亮青绿色，胎釉结合好。

三国青瓷胎淡灰或土黄色，非常致密。釉层均匀，很少流釉和剥釉。大多淡青色，偶见黄色或黄绿色。

西晋青瓷胎灰或深灰色，较厚重。釉厚润均匀，一般为青灰色。后期出现褐彩，彩点大而疏。

东晋青瓷普遍采用褐彩装饰，晚期出现莲瓣纹。

南朝青瓷胎骨趋薄。釉光亮呈半透明黄色，少数黄绿色。唐五代时烧制的越窑精瓷又称秘色瓷，呈色含绿。

宋代越窑青瓷已较少生产。

❶ 【越窑青釉熊形罐】

晋－南朝

❷ 【越窑青釉褐彩四系罐】

东晋 日本 东京国立博物馆藏

3

【越窑青釉堆塑罐】

三国－西晋

38 明清蓝釉的鉴定要点

蓝釉在元代烧制成功，有蓝釉、蓝釉金彩和蓝釉白花三种，生产时间为十四世纪中叶。

明洪武时蓝釉器一般仅施于内壁或外壁，另一面施其他色釉。内壁凸印花纹。

永乐、宣德蓝釉又称祭蓝或霁蓝，釉层肥厚，呈色蓝中带紫，纯正饱满，底白釉。有蓝釉白花器，白花处系剔去蓝釉，填白泥再施透明釉烧成，款识也用此法。

弘治、正德起，蓝釉采用国产料，呈色蓝中带黑或带灰。

回青是嘉靖时生产的蓝釉品种，用回青料渗入釉中烧制，呈色浅淡半透明状，中有细密纹片，大多有刻划暗纹。有些剔去蓝釉，装饰火石红色的螭龙、火云等，是嘉靖官窑的独特品种。

清代蓝釉制造始自康熙，仿宣德器型。釉层有厚薄之分。薄釉的釉面光亮，厚釉的釉面稍暗。雍正、乾隆、嘉庆蓝釉的呈色蓝中含紫，色彩饱满。道光、咸丰、同治蓝釉呈色趋灰暗。晚清蓝釉制品呈色纯正光亮，有些加绘金彩或粉彩。

1 【蓝红双色釉云龙纹碗】

明 洪武 口径 19.5cm

日本 东京 出光美术馆藏

❷

【祭蓝釉盘】

明 宣德 口径 17.9cm

佳士得 1996 年香港秋拍

HK$350,000 ~ 450,000

❸

【蓝釉僧帽壶】

清 乾隆

39 明清高温红釉的鉴定要点

红釉在元末成熟，明清时发展成祭红、豇豆红、郎窑红等许多品种。

祭红——属高温红釉，洪武时有里外双色的印花红釉器。永乐祭红有通体红釉、红釉白花和红釉描金等式，色鲜艳，中有深红色丝，近足处青灰色。釉层中密含气泡。宣德以后祭红已较少生产。

豇豆红——清康熙后期生产，又称吹红或美人醉。呈色如煮熟豇豆皮，有粉质感，见绿苔点。有正红、粉红和灰白等色。

霁红——仿明祭红，清康熙产品呈色黑红为多，垂釉处黑褐色。雍正制品有深红、鲜红、粉红、苹果青几种，有些见桔皮纹和开片。

郎窑红——艳如初凝牛血，又称牛血红，康熙间生产。釉层极为莹润，有玻璃光泽，见开片和牛毛纹。灯草口。釉流至底边曳然而止，呈黑红色。底有米黄、浅绿和红色三种。

❶

【红釉白花龙纹大碗】

明 景德镇官窑窑址出土

2 **【豇豆红文房用具】**（之一）

清 康熙 佳士得 1996 年香港秋拍

HK$4,500,000 ～ 5,500,000

3 **【宝石红釉觯】**

清 康熙 高 22.4cm

台北 故宫博物院藏

40 明清低温红釉的鉴定要点

低温红釉明后期起流行。清代低温红釉和彩绘结合，衍生出其他品种。

矾红——即铁红，用刷抹方法涂于白釉上，又称抹红，釉表见刷丝痕，浓淡略有不均。以日用器皿为多。嘉靖有矾红金彩器，内壁白釉。

珊瑚红——即矾红，明代矾红用笔刷抹器表，清初时仍见这种工艺，釉层稍薄。康熙起将矾红料吹于器表，釉层均匀光致，烧成后呈色红中含黄又若红珊瑚称珊瑚红。雍正时以珊瑚红为地加绘金彩、珐琅彩或粉彩，极为娇艳。清代珊瑚红地加彩延至晚清仍在烧制。同治、光绪时民窑器中多见珊瑚红金彩器，红色浅淡而趋黄，釉彩薄容易磨损脱色。以矾红描绘纹饰或红釉作地留白的，称盖血红，清代各朝均有，乾隆、嘉庆时多见。

胭脂红——又名金红、胭脂水、玫瑰红、西洋红。有深浅之分，深浓者称胭脂紫，浅淡者称胭脂水。康熙时胭脂红色用于珐琅彩，以后用作色釉瓷装饰。胭脂红地轧道、胭脂红地加彩、胭脂红开光粉彩是几种常见装饰方法。

❶ 【红彩龙纹高足盖盏】

清 乾隆

2

【矾红双龙戏珠三足炉】

清 嘉庆 高 36.5cm
苏富比 1995 年香港秋拍
HK$120,000 ~ 150,000

3

【珊瑚红地开光粉彩牡丹碗】

清 雍正 口径 13 cm
佳士得 1996 年香港秋拍
HK$1,000,000 ~ 1,500,000

41 清代炉钧釉色的演化

炉钧又称罗钧、鲁钧或芦钧，是景德镇生产的仿钧釉。

清官窑生产炉钧自雍正开始，以后历朝官民窑都见生产，延至民国初仍有出品，雍正官窑制品最为精美。

炉钧的釉表花纹具时代特征：

雍正炉钧釉面光润，翠蓝底釉上有飞絮状红釉散落其间。红釉深浓如红高粱色。器物刻“雍正年制”篆体暗款。

乾隆初炉钧仍见红蓝相间，稍后作品呈色为深蓝的底釉上散落絮状浅蓝色釉。

嘉道以后炉钧釉面改为深蓝釉上散落很规则的鱼子状浅蓝釉，逾后的浅蓝点愈小。

清末民初仿炉钧系在蓝釉上洒大小各异的深褐色釉点，有些还加绘金彩。

❶【官窑炉钧釉梅瓶】

清 雍正 高 21.8cm

台北 故宫博物院藏

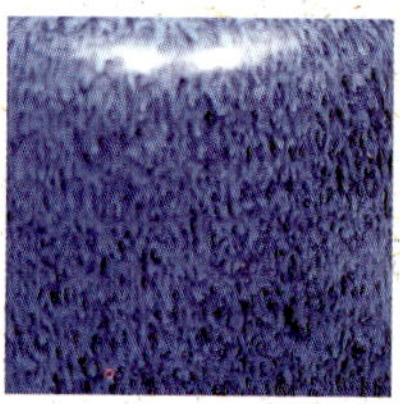

【嘉道炉钧】

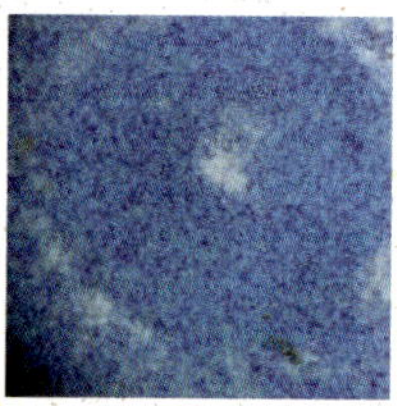

【光绪炉钧】

2

【官窑炉钧双耳扁瓶】

清 乾隆 高 33.1cm

苏富比 1991 年香港秋拍

HK$700,000 ~ 900,000

42 历代釉里红的呈色区别

釉里红以铜红料作釉下彩绘后高温一次烧成，工艺和青花相似。

元釉里红鲜红色，但烧制不好的灰黑色，大多有晕散，无浓淡色阶，釉层青白或卵白，和元代影青或卵白釉相近，装饰有大片涂抹和线描两种。

明代釉里红在洪武、永乐、宣德三朝较多，成化以后很少见到。洪武釉里红呈色除个别鲜红外，大多趋灰或趋褐。有的呈黑红色，纹饰以线描为主。永乐和宣德的釉里红呈色鲜丽欲滴，如红宝石般娇艳。

清代釉里红呈色稳定，红中含紫，和元明釉里红的正红不同。有浓淡色阶，和元明釉里红的单一色泽有别。雍正釉里红又称“宝烧红”，以淡描手法表现居多，清雅洒脱。

清中期起民窑青花釉里红颇多生产，呈色灰红或紫红。

❶ 【釉里红玉壶春瓶】

元

② 【釉里红花卉瓶】

清 乾隆

③ 【釉里红碗残边】

明 永乐

【清乾隆粉彩琮式瓶】

【清康熙五彩花鸟盘】
【清乾隆斗彩莲花鸳鸯纹双耳瓶】
【清乾隆珊瑚红地粉彩碗】

43 明代青花加彩技法的演化

明初出现釉下青花和釉上彩料合绘一体的新品种，宣德、成化和嘉万的青花加彩有三种不同的绘画方法。

宣德青花加彩作品发现于西藏萨迦寺和景德镇明御厂遗址，都是莲池鸳鸯纹的碗或盘。宣德斗彩绘画方法有两种：一种是釉下青花勾勒后釉上填色，如雄鸳鸯的翅膀及身上扇形羽毛的画法；另一种为釉下刻划轮廓线后填色。前一种方法发展成为成化斗彩，后一种方法发展为嘉靖和万历的五彩。

成化青花加彩又称斗彩，精致而稀少，价值为古今瓷器之冠。其基本技法为青花轮廓线内填彩。所用色彩有红、黄、绿、蓝、紫等十多种，一般器物用一至数种，绘制时采用单线平涂方法，无浓淡之分，多见溢出轮廓线。

嘉靖和万历时有在青花轮廓线内填彩的斗彩方法，也有新创的青花五彩方法。嘉靖和万历的青花五彩（或称五彩）的釉上彩先在釉下刻划轮廓线后釉上填色，或在釉上用深色勾勒后用浅色填色。艳丽和浓烈是嘉靖和万历青花五彩的特色。

❶

【斗彩鸡缸杯】

明 成化

日本 东京国立博物馆藏

❷

【青花鸡缸杯(漏彩)】

明 成化

江西 景德镇窑址出土

3

【青花五彩人物纹瓷片】

明 万历 残长 8.6cm

4

【青花五彩三龙纹笔架】

明 万历 长 17cm

苏富比 1996 年香港秋拍

HK$120,000 ~ 180,000

44 清代青花加彩技法的演化

清代青花加彩采用一些新技法，康熙、雍正和乾隆各有特点，清后期作品大多沿袭三代画法。

康熙的青花加彩有两种：一种是用青花勾勒轮廓线后填色，如成化斗彩；另一种釉下青花不作勾勒轮廓线用，仅作为一种色彩来绘制花纹，如嘉靖和万历五彩。

雍正青花加彩主要仿明成化斗彩，以淡的青料勾勒轮廓线，改用粉彩填色，增强了表现能力，使斗彩工艺出现突破。

乾隆青花加彩又有新的发展，青花勾勒时略作渲染，填色时用粉彩、金彩、珐琅彩、墨彩等多种彩料，将斗彩的表现能力发挥得淋漓尽致。

清后期青花加彩大多沿袭前期，民窑亦见少量生产。

❶

【青花五彩十二月花神杯】（二件）

清 康熙 口径6.5cm

佳士得1996年香港秋拍

HK$4,500,000 ～ 5,500,000

2

【斗彩花鸟盖碗】

清 雍正 口径 19.5cm

佳士得 1996 年香港秋拍

HK$400,000 ～ 600,000

3

【斗彩凤凰纹盖罐】

清 乾隆 高 10cm

台北 故宫博物馆藏

4

【斗彩八方碟】

清 同治 口径 8cm

45 明清三彩的鉴别

三彩有唐三彩、宋元辽金三彩和明清三彩几类。名称相同但工艺有别。

明清三彩以黄、绿、紫为主，少用红色，素净庄重，又称素三彩。

明代三彩正德时渐多，正德官窑有三彩缠枝莲水仙盆，天蓝地三彩番莲花盆等品种。嘉靖、万历官窑的三彩有大小两种。小件的在白釉上加彩，因胎釉结合差，而往往有剥釉现象。明十三陵地宫中曾发现素三彩花觚、螭足炉等器物，是万历官窑珍品。

清代三彩工艺上有重大改进，除传统的釉上三彩还有釉下三彩。康熙的白地三彩以素白器为底，刻制暗纹，上加绿、黄、紫三彩。康熙的黑地三彩“地”先施绿釉后再涂黑釉，珍贵而稀少。

1

【素三彩鸳鸯枕】

明 成化元年款

仇炎之旧藏

2

【天蓝地三彩番莲纹花盆】

明 正德

3

【黄地素三彩龙纹大盘】

清 康熙 口径40.5cm

台北 故宫博物院藏

46 明清五彩的鉴别

五彩分别指青花加五彩和单纯的釉上五彩两个品种，明清均有生产，工艺特征和艺术风格略有区别。

明代五彩主要在明后期生产，以嘉靖和万历为多。明代青花五彩又简称五彩，以青花作为一种色彩结合釉上彩绘画，并不起勾勒轮廓的作用。明代单纯的釉上五彩多见于外销瓷和民窑器，釉彩浓艳火爆。瓷塑人像也见单纯的釉上五彩装饰。

清代五彩在清初生产较多，有青花五彩和釉上五彩两种。

青花五彩--顺治青花五彩都为大型器，山水、人物、花卉都有，纹饰风格与晚明作品相似，康熙青花五彩早期的厚重古朴，后期的轻盈明丽，传世品有青花五彩十二月花卉纹杯，是经典之作，后世多有仿制。

釉上五彩 -- 又称五彩或硬彩。康熙时，成功地烧出釉上蓝彩，可代替釉下青花，拓展了釉上五彩的绘画功能。康熙五彩釉色纯正艳丽，无浓淡之分。釉面微微凸起，有闪烁的"蛤蜊光"，纹饰周边有光晕。釉色有红、绿、黑、黄、紫、蓝及金色。除白地五彩外另见米地五彩、豆青地五彩、色地五彩、哥釉五彩等品种。

1

【五彩花鸟纹罐】

明　万历　高 14cm

佳士得 1996 年香港秋拍

HK$180,000 ～ 220,000

❷

【五彩荷莲翠鸟纹盘】

清 康熙 口径 25cm

佳士得 1996 年香港秋拍

HK$150,000 ～ 180,000

❸

【珊瑚红地五彩十六子图碗】

清 嘉庆 口径 21cm

佳士得 1996 年香港秋拍

HK$300,000 ～ 400,000

47 清早期粉彩的特点（康熙 乾隆 雍正）

粉彩是釉上彩，釉料中渗有粉质，绘画采用中国工笔画技法，和传统的单线平涂方法不同。

康熙中后期粉彩出现，应用于纹饰的局部，全器仍以五彩为主，呈色浓艳淳厚。民窑器为多。有粉彩人物塑像和字形壶等特殊器型。

雍正粉彩有白地和色地两种，以白地为多。色地见珊瑚红地、淡绿地、墨地、酱地、木纹开光等，一般为官窑器。绘画采用没骨画和其他中国画方法，用笔精细入微，可达到花有露珠，蝶见茸毛的程度。釉彩娇艳柔美、浓淡有致。题材以花鸟为主，虞美人尤多，另见山水和人物。雍正过墙花（又称过枝花，纹饰由盘心延至盘外）、八桃五蝠盘是典型作品。

乾隆粉彩将各种工艺结合使用，除白地粉彩和色地粉彩外，另有青釉粉彩、哥釉粉彩等形式。

乾隆粉彩首创轧道工艺，在“地釉”上暗刻纤细繁密的凤尾状水草，然后加绘图案，称为“锦上添花”。

釉彩娇艳鲜丽，纹饰或器物的口沿加绘金彩，金色黄中含红，乾隆以后的金彩已淡薄无力。

器物内部或底面常施粉绿釉，器内釉色较淡。釉色鲜嫩，表面有细波痕，胎釉结合牢固。

❶【官窑粉彩松鹤长春钟】
清 雍正 口径 9.3cm
台北故宫博物院藏

❷【官窑粉彩皮球花纹钟】
清 雍正 口径 10.2cm
台北故宫博物院藏

❸【浅绿粉彩缠枝莲如意耳瓶】
清 乾隆 高 37.4cm
佳士得 1996 年香港秋拍
HK$500,000 ~ 600,000

❹【粉彩镂空福寿冠架】
清 乾隆 高 28.3cm
台北 故宫博物院藏

❶ ❷ | ❸ ❹

48 清中期粉彩的特点(嘉庆 道光 咸丰)

嘉庆早期官窑粉彩和乾隆制品几无区别.色地粉彩(红、绿、黄)用轧道工艺，始自乾隆后期的百花纹较多见到。官窑粉彩常运用开光手法。花卉、花果纹为主，过枝籁瓜纹具特色。碗类器出现山水纹。粉彩器的内壁和底面施绿釉，较乾隆深，后期制品釉质粗糙且易剥落。普遍采用描金方法。胭脂红地彩绘或胭脂紫地开光粉彩开始广泛运用。

道光时白地粉彩增多,色地粉彩主要见于官窑器。釉彩略疏松，加轧道工艺。官窑出品的黄地或红地花卉碗系仿康熙珐琅彩。釉彩较前更为丰富，明丽而淡雅。官民窑粉彩的人物纹较前细致。清装人物，无双谱（加题句）、犬戏、斗鸡等民间题材广泛运用。受乾嘉考据学影响，金石、博古图成特色。民窑粉彩中见白地轧道粉彩。器物造型多见瓜棱、花口、折沿等装饰手法。

咸丰粉彩官窑器稀少，除黄地粉彩、蓝地粉彩外，雪青紫地粉彩具特色，轧道工艺和嘉道流行的百花纹已少见。口沿普遍描金。绿里粉彩的绿釉深暗。纹饰多见八仙、王母、寿星、小脚清装仕女，造型头大身小，穿红着绿、釉彩浓艳。

1

【粉彩百子图双耳瓶】

清 嘉庆 高 23.6cm

苏富比 1991 年香港秋拍

HK$80,000 ～100,000

2

【粉彩葫芦纹瓶】

清 道光 高 22.8cm

台北 故宫博物院藏

3

【绿里粉彩花鸟纹方瓶】

清 咸丰 高 28.9cm

台北 故宫博物院藏

49 清后期粉彩的特点（同治 光绪 宣统）

同治官窑粉彩黄地较多，另见白地粉彩、紫蓝地粉彩、蓝珐琅彩加绘和红地描金粉彩等品种。官窑粉彩有同治年号款和慈禧专用款（如“大雅斋”款）两种形式。民窑粉彩的彩料粗糙且粉质厚重而色彩浅淡。粉彩器普遍加饰金彩。题材以花卉、万寿、龙凤、梅雀、青竹、博古、人物等为主。

光绪官窑粉彩以白地为多。纹饰有百蝶、花卉、龙凤等内容，纹样琐碎。器物多仿清康、雍、乾作品。民窑粉彩的彩料较同治细，粉质稍薄，釉彩淡雅。绿里粉彩、色地开光、色地轧道等装饰已非常少见。民窑粉彩的纹样有花卉、云蝠、八宝、团花、蔬果等。

宣统粉彩是光绪作品的延续，有夔凤、百蝶、人物等纹饰。官商合办的瓷业公司实为这一时期的官窑，因采用新的工艺，更接近民国初年瓷的特征。

1

【粉彩八吉祥纹杯】

清 同治

2

【粉彩八吉祥纹盘】

清 宣统

3

【粉彩花鸟大罐】

清 光绪 高 31cm
苏富比 1993 年香港春拍
HK$300,000 ～ 400,000

50 慈禧用瓷

清同治和光绪官窑器有两大类，一类题同治和光绪年号款，另一类属慈禧专用，题殿名款。

慈禧用瓷有四大类款识：

储秀宫制——一般为同治间烧制，有大盘、鱼缸等陈设瓷，篆款。青花、粉彩或素三彩。

大雅斋——同治、光绪间产品，器型有陈设器和日用器。楷款，傍有“天地一家春”椭圆形篆款。白地或色地粉彩，又见墨彩。

长春同庆和永庆长春——同治至光绪间产品。楷款，四字两行。有“万寿无疆”铭茶具、粉彩盘、盖盒等。

体和殿制——同治间生产。器型有鱼缸、花盆和圆盒。篆体。青花、黄釉粉彩、蓝釉粉彩均见。

慈禧用瓷民国初及近年有仿制。

❶

【蓝地粉彩水仙盆】

清 同治 口径17.8cm

壁有“大雅斋”楷款

“天地一家春”篆体印章款

底有“永庆长春”楷款

2

【黄地粉彩万寿无疆花蝶纹盖碗】

清 同治 口径 11.7cm

底“长春同庆”款

台北 故宫博物院藏

3

【黄釉粉彩万寿无疆大盘】

清 光绪 口径 39.3cm

底面“储秀宫制”四字篆款

51 洪宪瓷及其真伪

民国初袁世凯在任临时大总统及称帝时订烧了数批专用瓷，称洪宪瓷。

传世洪宪瓷有数种款识，据已有资料分析，题“洪宪年制”和“洪宪御制”的基本是仿品，题“居仁堂”款的有真有伪。题“陶务监督郭葆昌谨制”的基本是真品。

居仁堂为中南海殿名，曾作袁氏总统府。居仁堂款器物有两种。第一种在1912--1916年间生产，典型产品为胭脂紫地轧道开光粉彩餐具。第二种是1916年委任郭葆昌赴江西督造的器物，均为仿乾隆盛世的产品。有“居仁堂”和“居仁堂制”两式篆款。国内藏仿乾隆青花珐琅彩山水人物双耳罐为典型器。

郭葆昌在1916年前后督制的产品上题“陶务监督郭葆昌谨制”或“觯斋主人”，前者是为袁氏生产的御用瓷，应属洪宪瓷，后者虽属郭氏自用，但品质上与真洪宪瓷完全一致。作品都为珐琅彩和粉彩混合绘制的人物纹瓶，系仿乾隆产品。

至于题洪宪年号的仿洪宪瓷，是二十世纪前期一些大师的力作，都非常精美，真伪并不影响其艺术价值和经济价值。

1

【粉彩花卉纹螭耳瓶（一对）】

民国初期 高44cm

上海国际拍卖行1997年春拍

RMB35,000 ～40,000

2

【粉彩婴戏纹印盒】

二十世纪三十年代

“洪宪年制”款

“居仁堂制”款】

【“觯斋主人”款】

【“陶务监督郭葆昌谨制”款】

3

【粉彩花鸟水盂】

二十世纪三十年代

“洪宪年制”款

52 清末民初的浅绛彩

中国山水画有浅绛一法，水墨勾勒后用淡彩渲染。清嘉庆、道光时将此法用于釉彩装饰称浅绛彩，先以“粉料”（由钴料与铅粉混合而成）勾勒皴染，再以淡赭、水绿、淡蓝等色施彩，釉层薄而淡雅。

浅绛彩题材多为中国画内容，以山水为主，另见花鸟、人物、鱼虫、走兽，与传统彩瓷的图案纹样不同。

清同治、光绪间浅绛彩著名画师有程门（字松生，号雪笠，笠道人）、王廷佐（字少维）和金品卿（又称寒峰山人）等人。

清末民初的浅绛彩画师汪友棠（名棣）山水、花鸟俱精，作品流传颇多。

二十世纪初浅绛彩风行一时，因其易磨损，民国以后失传。

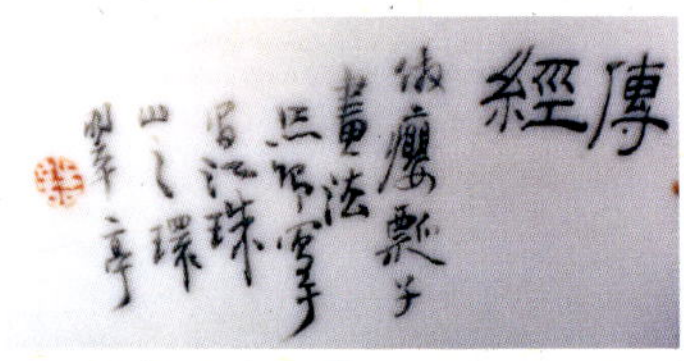

❶

【浅绛彩人物盖碗】

清 同治　金品卿作

2

【浅绛彩山水瓷板】

清 光绪 光绪二十九年(癸卯)款

3

【浅绛彩茶壶】

清 光绪 汪友棠作

53 民国初的新粉彩

民国初流行用浓艳的粉彩在瓷上绘画，称新粉彩。

新粉彩用传统的粉彩料绘画，但绘画形式和绘画技法都有更新。

传统粉彩一般以图案装饰为主。新粉彩采取中国画的形式，以历代名画为蓝本，山水、花鸟、人物都有，加上题款和印章，成为画于瓷上的画，是新的绘画品种，宜于陈设观赏。

传统粉彩技法单一。新粉彩采用中国画技法，勾勒渲染一丝不苟。在造型、线条、光线、色彩等方面汲取了近代海上画派的精华，画面艳丽。

新粉彩的先行者是汪晓棠和潘匋宇，但都英年早逝。二十年代时，在王琦倡导下，八位画师成立了瓷画团体“月圆会”，称“珠山八友”。参加月圆会活动的前后有十人，分别是王琦、程意亭、汪野亭、王大凡、何许人、徐仲南、邓碧珊、田鹤仙、毕伯涛和刘雨岑。1937年抗战爆发，月圆会也停止了活动。

与珠山八友同时或稍后的新粉彩名家还有汪大沧、方云峰、刘希仁、万云岩、汪小亭、涂菊亭、张沛轩、邹文候、程芸农、余翰青、王锡良、刘仲卿等人。

❶【汪野亭作山水瓷板】

❷【王琦作新粉彩人物瓶】

❸【毕伯涛作新粉彩花鸟瓷板】

54 明清石湾釉陶

广东佛山的石湾窑，是南方重要的陶瓷产地，唐宋开始烧制，至明清而大盛。

石湾产品以陶器为主。胎土有白、灰、黄、红、褐各色。制缸瓦用粗料，制艺术陶用淘炼的细料。

石湾釉陶有青、黑、红、黄、蓝、紫、白等色釉，每一色系又分许多种。其中尤以蓝见长，有天蓝、宝石蓝、翠毛蓝等品种，翠鸟羽毛般艳丽的翠毛釉是石湾釉的标志。“三稔花色釉”俗称“雨淋墙”最具特色，这种釉在浅青色釉中散落芝麻点般的紫红色，也有的是红釉中见蓝釉点。

善于运用窑变技术，除翠毛釉、三稔花色釉外，蓝白辉映的“蓝钧”，艳若晚霞的“紫钧”，都是石湾釉中的杰作。

善仿历代名窑的各种釉色，是明清石湾釉的最大特点，而且在模仿中创新，形成自己的风格。仿定窑的粉定、仿汝窑的玻璃绿、仿哥窑的百圾碎、仿钧窑的青釉夹紫红斑、仿龙泉的梅子青和仿建窑的兔毫釉，都能达到维妙维肖。

❶

【翠毛釉瓶】

清 广东省博物馆藏

2

【石榴红釉盘】

清 广东省博物馆藏

3

【双蟹箩】

清 广东省石湾陶瓷美术馆藏

55 清末民初的石湾陶塑

石湾釉陶以雕塑见长，质朴古雅，凝重传神，清中期起流行，清末民初进入极盛时期。品种有人物、动物、器物等几类。

陶塑人像称“石湾公仔”，脸和手足用本色胎土，露出土黄、赭红、赭黑等色，塑制刀痕不为釉层所盖，更见功力。衣衫道具施白釉、红釉、青釉、官釉、哥釉等色，和人物皮肤形成反差。按人物身份还配以酒壶、古琴等道具。

石湾陶塑名家辈出，明末的黄可松、清中的黄炳、清末的陈渭岩和民国初的潘玉书造诣最深，称四大名家。

此外，黄古珍、霍津、林棠煜、义成、霍子厚、梁汝、陈古斋、潘铁逵、何炎、梁醉石、刘永传、杨炎坤、刘佐朝、桥胜、陈祖等名家也都自成一格各领风骚。

❶ 【弥勒坐像】

明 晚期 高 13.2cm

❷【**红釉达摩**】

清 中期 高 30.6 cm

❸【**踏雪寻梅**】

二十世纪初 高32.1cm 陈渭岩作

❹【**张良读书**】

二十世纪初 高24cm 潘玉书作

56 现代石湾陶塑

五十年代以来，石湾釉陶制作技术和艺术追求都有突变，作品面目一新。

釉彩从单色釉发展成复式釉，窑变效果能控制自如。醉红釉、石榴红釉都异彩纷呈，艳美耀目。五十年代中期，创烧了古铜釉、天目釉等近二十种结晶釉，形成了丰富齐全的釉系。

陶塑注重形与色的统一，造型准确，传神入化。

数十年中，出现了一批陶塑名师。刘传是五十年代以来最成功的陶塑家，在继承中有发展。刘传的门徒中，庄稼的作品表现细腻，刘泽锦的作品风格严谨，廖洪标的作品豪放雄健都各臻其妙。

此外，渐受重视的陶塑名师有梅文鼎、刘炳、刘藕生、黄松坚、区乾、曾良、霍兰、霍英、罗雪薇等人。和前辈相比，创作手法和表现形式上都有新意，现代气息更强。

❶

【东方曼倩】

现代 刘 传作 高23.8cm

2

【老子出关】

现代 廖洪标作 高24cm

3

【得胜钟馗】

现代 庄 稼作

4

【大喜悦】

现代 刘泽锦作

57 广彩和港彩

清代起对外交往的便利，促进了广东地区外销瓷的发展。

在广州地区加工的釉上彩称广彩。因其有巨大经济效益，景德镇也见仿制。

广彩始于康熙后期，至晚清仍有生产。器物大多为带西方风格的餐具。绘画风格一类为中国传统的白描填色方法，另一类带西画风格。纹饰中除传统题材外另有纹章、风景、人物、标记等西洋题材。

各朝釉彩不同，康熙以红绿彩为主，雍正时见红、绿、黄、紫、雪青等色，乾隆、嘉庆时大量采用黄色和金色，道光后以黄彩与金彩为主。

五十年代以后广彩仍有生产，作品强化了构图丰满、料厚色艳的特点，以红、绿、黑、金为主色，富丽堂皇，称“织金彩瓷”。装饰采用“万花满地”和“锦地开光”的程式，具很强的装饰性。

四十年代抗日战争后，广州的彩绘艺人到香港发展，“港彩”进入国际市场，其工艺方法与纹饰图案和广彩并无两样。五十年代起，一部分港彩改用向日本订制的白瓷，但造型仍为中国式样。

❶

【广彩虫草筒形瓶】

现代

2

【广彩人物纹碗】

清　广东省博物馆藏

3

【广彩人物罐】

二十世纪初　广州彩瓷工艺厂藏

58 潮彩和高陵彩

广东潮汕一带生产的釉上彩称潮彩。

清末民初，潮彩在大埔、饶平和枫溪地区烧制，产品汇总于潮州再至汕头，经海路运往内地或东南亚。

潮汕地区的日用青花瓷有细花勾成的喜蝶图碗，碗心有套叠涩圈。另一种折沿阔边碗绘以简约纹饰，属民用大宗产品。

彩瓷风格朴实，釉彩浓艳，有红、绿、黄、蓝等色，略含灰。

纹饰具地方风格，二十年代生产最多的是各式博古图（又作卜古图），龙凤图、白菜公鸡图和花卉图等。另有杏林春满图、田园风光图、宝鸭穿莲图和喜网图等独特题材。

五十年代起，潮彩有重大变革，形成了两个流派。

其一吸取了广彩重彩描金的装饰技法，采用釉上堆金方法，先将低温浆料在胎上堆画成纹样，经烧烤牢固后用金彩描画，再次烧成。器物纹样精细，线条凸出，色彩浓烈，具明显的地方色彩。

其二创造了高陵釉上彩，在工艺上有创新，彩料分油料和水料两种，用油水分离的特性，以油料绘细部，以水料作渲染，具很强的表现力。风格上取法中国画，尤受岭南派熏陶，作品淡雅中见激情，与景德镇瓷画风格有别。代表人物有郭寿民等。

4 【高陵彩松鹰瓷板】

现代 郭寿民作 30 × 23cm

1

【潮彩公鸡芭蕉盘】

清末 口径 19cm

广东省饶丰县陶瓷工业公司藏

2

【青花大碗】

清末

3

【现代潮彩双凤牡丹盘】

口径 50.5cm 壬戌(1982)款

广东省潮州市彩瓷厂藏

59 枫溪瓷塑

潮州附近的枫溪窑在二十世纪初瓷塑各式仙佛人物，尤以观音为多。瓷像彩绘桔红和叶绿等色。

五十年代起，枫溪瓷塑工艺成熟，品种增多，有人物、动物和瓷花三大类，人物塑像较多。

枫溪瓷土质细轻莹，色白纯净，宜塑仕女、孩童和文人。以运用色土装饰见长。人物面目和手脚露胎，能作精细刻划，同时在质感上与服饰也拉开了距离。

瓷花系用精泥手工制作，与真花形同质异，以盆栽、花篮或附饰形式出现。

枫溪瓷塑名师颇多。人物塑最著名的是林鸿禧和陈钟鸣，另有吴承华、卢茂剑等人。瓷花的艺人以吴庆、王龙才、吴为胜、叶竹青等最著名。

枫溪窑有一种仿抽纱的通花装饰方法，由艺人吴显炽在三十年代创造，以手工镂空。五十年代改用灌浆工艺，纤如毫发。通花与瓷花的结合，通花与浮雕的结合，通花与彩绘的结合是三种基本形式，具浓郁的地方色彩。

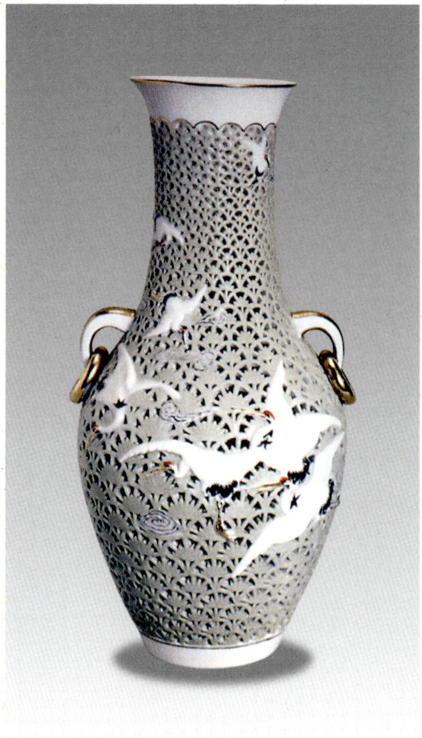

❶ 【松鹤通花瓶】

广东省枫溪陶瓷研究所

2 【菊花挂盘】

广东省枫溪陶瓷研究所

3 【红楼人物】

广东省枫溪陶瓷研究所

60 清末民初的醴陵釉下五彩

光绪末，清府官员熊希龄创办湖南瓷业公司，在景德镇瓷匠和日本艺人的帮助下，烧成釉下五彩，是釉彩工艺的重要突破。

醴陵的釉下五彩清雅润泽，色彩丰富，有红、橙、黄、绿、紫、黑等各色，每一种颜色又细分几种。“艳而不俗，淡而有神”成为特点。

作品有两种风格，一种采用双勾填色的方法，造型简练，多作平面处理，纹饰以花鸟为主。另一种采用西画方法，色彩浓厚，有很强光感，带油画风格。

清末醴陵釉下彩的出现引起轰动，曾进贡慈禧受到嘉赏，在国内外也屡获金奖。但湖南瓷业公司1909年开业，1918年即毁于兵火，以后仅有零星生产，传世作品非常有限。

清末民初的醴陵釉下彩著名画师有彭筱琴、张晓耕、傅道惠、游先理、吴寿祺等人。

1

【釉下五彩花鸟纹瓶】

清 宣统三年 高46.1cm

1915年巴拿马博览会金奖作品

湖南省陶瓷研究所藏

2

【釉下五彩孔雀纹瓶】

清 宣统元年 高 52.5cm

湖南省陶瓷研究所藏

3

【釉下五彩松鹤纹瓶】

清 宣统三年

湖南省陶瓷研究所藏

4

【釉下彩山水纹瓷盒】

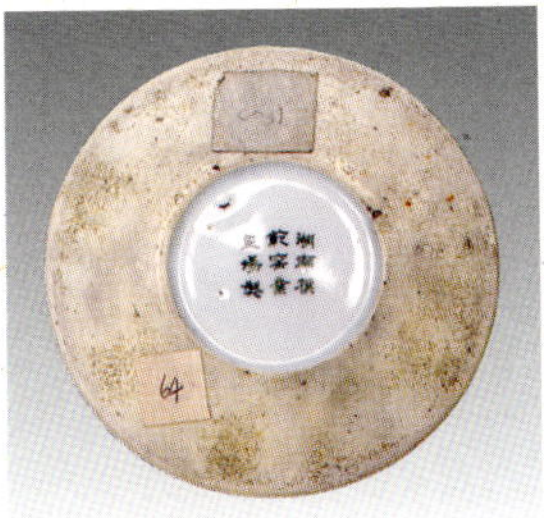

5

【釉下五彩山水纹】

61 现代醴陵釉下五彩

醴陵釉下五彩技术抗战前即失传。五十年代在前辈艺人吴寿祺主持下重新恢复生产。釉彩品种、绘画手法、题材内容等方面远超民国水平。

釉彩丰富，有一百多种不同色相的彩料用于釉下装饰。研制的蓝彩素雅单纯，由各种蓝料合成，呈色蓝中带翠，区别于青花的蓝中带紫。蓝灰、红灰、浅绿等淡彩用于成套餐具，有高贵感。

工艺上的成熟使醴陵釉下五彩能表现不同题材不同风格的瓷画。

现代醴陵艺术瓷最具影响力的画师有：

吴寿祺，醴陵釉下瓷画前辈艺人。

邓文科，中国工艺美术大师，现代醴陵釉下瓷画的代表人物。

徐协和，前辈艺人，陶瓷雕刻名师。

唐汉初，著名设计师，主持了多种国宾用瓷的生产。

林家湖，高级工艺美术师，参与了五十年代醴陵釉下彩的恢复。

著名的醴陵工艺美术家还有郭玢、唐锡怀、李日铭、王润文、王留仙、佘华、熊声贵、朱占平、陈扬龙、邓景渊、温月斌、朱逸君、陈忠义、徐建章等人。

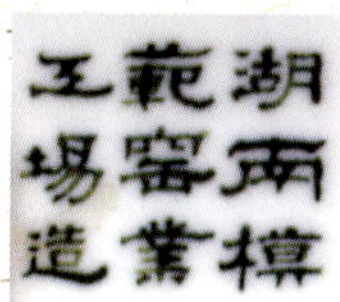

1 **【釉下彩刷花花卉纹杯】**（残）

吴寿祺作

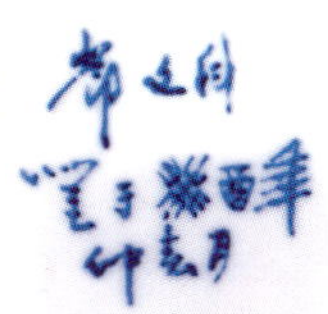

❷【釉下五彩花卉瓶】
熊声贵作

❸【釉下五彩玉米纹大瓶】
邓文科作

❹【釉下五彩花鸟香瓜罐】
温月斌作

62 醴陵特制"胜利杯"

五十年代末，湖南醴陵为毛主席、周总理和人民大会堂特制过一批专用茶杯，称"胜利杯"。

1958年春夏之交，醴陵陶瓷研究所根据中央领导延安使用的茶杯式样，改进制作了一种茶杯称"胜利杯"。杯口径8.5cm，带盖全高13cm。底足外圈带釉，底有"湖南醴陵"字样和釉上红彩和平鸽标志。七月和八月分别制作各60件，素白和釉下彩各一半。

1959年人民大会堂订制两批共600套主席台用杯，式样同"胜利杯"，下有杯托。蝴蝶花画面，釉下蓝、绿为主，花苞红色，画面右下方有01－300的圆形红色编号印章。同时另烧50件蝴蝶花"胜利杯"，有方形编号印章，作周总理外事活动时用。

1965年，醴陵群力瓷厂烧制了松树画面的"胜利杯"，高温釉下黑彩，最初一批为手绘，以后大多是釉下贴花。人民大会堂用的有圆形编号印章，另50件方形编号印章的作周总理专用。意大利记者为周总理拍的最后一张半身照，照片中茶杯即是松树纹"胜利杯"。

❶ 【釉下五彩兰花纹盖杯】

湖南省陶瓷研究所藏

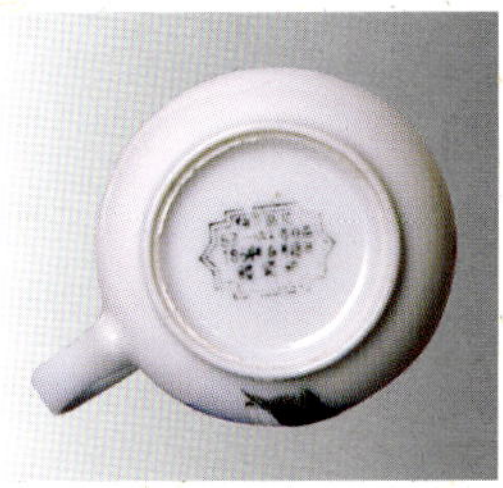

② 【釉下黑彩松树纹盖杯】

高 13cm

③ 【釉下五彩蝴蝶花纹盖杯】

湖南省陶瓷研究所藏

63 醴陵制主席用瓷

醴陵瓷胎质洁白，釉莹如玉，是制作高档餐具的理想品种，自五十年代至七十年代曾多次生产毛泽东主席的专用瓷，其中主要有：

1、1958.4.11--8.19 醴陵陶瓷研究所先后两批制作“胜利杯”120件，釉下五彩和白釉各半，杯底有“湖南醴陵”字样和釉上红彩和平鸽标志。

2、1971.9.2起醴陵陶瓷研究所生产一批釉下彩餐具和烟缸。

3、1972.5--8.30 醴陵群力瓷厂生产了1210件大小碗和各种盘类，全部带盖，釉下装饰。

4、1973.12.30--1974.5 醴陵陶瓷研究所生产带盖鱼盘，大鱼盘42cm长，小鱼盘40cm长，各30件并配盖5件。同时生产口径15.5cm的浅碗80件，釉下彩装饰。

5、1974.11.4 醴陵群力瓷厂生产薄胎碗40件，盖杯40件，均内外釉下彩装饰。

以上器物有梅花、茶花等纹饰。另有牙缸等特殊器物供主席专用。

❶

【釉下彩梅花纹碗】

口径 15.5 cm

湖南省陶瓷研究所藏

2

【釉下彩茶花纹盖缸】

高 9.0cm 湖南省陶瓷研究所藏

64 “7501”瓷

1975初，景德镇陶瓷研究所接受了研制和生产毛主席生活用瓷的任务，工程代号为“7501”。

“7501”的胎土用江西抚州的优质高白泥，从数十吨上等的矿石中精选两吨。以正德官窑的器型为蓝本，餐具都配以合盖。采用半薄高白釉新工艺烧制，画面为红色花卉，釉上彩画面为水点梅花，釉下彩画面为水点桃花，另有芙蓉花画面。“7501”瓷全部采用手工绘制，画者都是该所优秀的陶瓷美术家如王锡良、刘平、徐亚凤、汪桂英、戴荣华等。

“7501”瓷包括釉上和釉下两种，釉上的以九十八件为一套，釉下的以四十七件为一套，文具是另外搭配的。釉下品种多，釉上品种少，总数在一万件之内。

当年只送交六套给江西省警卫处，釉上、釉下各三套，现藏江西省莲塘八二八招待所、湖南省毛主席家乡滴水洞、中南海。除此之外，散落于民间。

“7501”瓷是在特定的历史条件下，由特定的单位、特定的人员、作为特定的任务，而出现的由特定的对象所使用的特定瓷器，有着特殊的历史珍藏价值。

器物底部均题“景德镇制”四字篆款，笔划方折规整。有青花和红彩两种。近年新仿者青花款都青紫厚重，和原作灰青淡雅有别。

（收藏：景德镇精益斋 撰文：陈雨前）

❶

【釉下彩芙蓉花对碗】

口径 12 cm

❷

【釉下彩梅花纹壶】

底有"景德镇制"四字篆款

③ ④	⑤
⑥	⑦ ⑧

③【釉下彩梅花烟罐】高 4.9cm

④【釉下彩梅花茶壶】高 15.8cm

⑤【釉下彩桃花盖碗】口径 14cm

⑥【釉下彩梅花杯】高 10cm

⑦【釉下彩胡椒瓶】

⑧【釉上彩梅花盖碗】

65 五十年代的艺术瓷

五十年代景德镇瓷业完成了由个体向合作化经济的转化。生产规模的改变导致了工艺技术的变更。

这时恢复了已数十年未生产的传统色釉产品，如祭红、钧红、美人醉、茶叶末和乌金釉等十余种。对青花、釉里红等品种进行科学分析和总结。大部分品种的质量都达到甚至超过抗战前水平。

艺术瓷创作大多由老艺人完成，作品的技法风格和民国瓷并无大的差异。题材有传统的题材和反映现实生活的两类。农业劳动、牧业等具明显的时代痕迹。美人图改为劳动场面，造型壮实，粗眉大眼，反映劳动妇女形象。就釉彩技法和绘画水准而言，这一时期的作品成为传统中国瓷艺的终结。

器型基本沿袭二十世纪前期。五十年代末创作的棉花瓶（如弹棉花的木槌）高约30cm。新华杯碟、新莲杯碟和东风壶等也具时代特征。

外销瓷都非常精致。一类是传统题材如美人图薄胎瓶、青花梧桐餐具等。另一类带异域情调作品，系欧洲订货，如卡通鸭、卡通鸡、听电话、鱼形壶等。

1

【薄胎外销粉彩人物瓶】

二十世纪五十年代

景德镇精益斋藏

❷【**粉彩人物壶**】

1950～1960 年 高 16.5cm 精益斋藏

❸【**粉彩笔筒**】

1959 年 高 14.2cm 精益斋藏

❹【**粉彩人物大瓶**】

周宝林作 高 40.5cm 精益斋藏

66 大跃进时期的艺术瓷（1958～1960）

1958年全面大跃进历史时期生产的瓷器具很强的时代特征：

造型均为曲线型变化，庄重、质朴。规格多样，但大件器型很少。常见的青花、五彩、粉彩、颜色釉等品种均烧制出许多新颖器型。如青花番莲扁柿茶具、粉彩水仙茶梅水筒、人物丰收水筒、影青刻花八哥瓶。新彩牡丹苏联碗等等。

装饰有绘、刻、划、镂雕、瓷雕等工艺，青花与粉彩的绘画内容丰富，题材广泛，涉及社会生活的多方面。纹饰风格有的仍留有清代民国时的绘画，豪放粗犷与精细工致并存。作品有影青刻花四方扁瓶“青花八哥图”、粉彩人物扑蝶瓷板、古彩“美女带子”爆竹瓶、粉彩人物“酬简”花篮瓶、粉彩“黄地九龙”瓶、“卷毛小瓷猫”、“嫦娥奔月”、“孔雀台灯”。此时瓷器上开始出现大量反映现实生活的作品，如张松茂的“玩积木四合壶”、童竹村的“丰收人物水筒”、毛龙汲的“跃进烟缸”、“勤俭持家”、曾东海的“边防战士”、蔡寿星的“农村早晨”、张志汤的“粉彩雪景”、王锡良的粉彩人物采莲腰鼓壶、王云泉的“武汉第一长江大桥”等。

此时，青花、粉彩的制作水平有了很大的进步和提高，许多作品已达到了康、雍、乾水平。过去只能“百里挑一”的颜色釉瓷，被广泛应用到日用瓷。瓷雕工艺也从过去仅能塑造传统人物、花鸟、禽兽到能反映现实生活，表现手法不仅有传统的圆雕、捏雕及镂刻，还发展了浮雕、镂雕等工艺。

（撰文：李文跃）

【粉彩人民公社瓷板】

1959年 40×82cm

景德镇精益斋藏

賀東風公社物資交流大會勝利召開
現款現貨

67 文革时期的艺术瓷（1966～1976）

文革瓷的时代特征较为明显，从装饰的题材看，都是当时特定的社会政治经济生活的反映，有反映各族人民庆丰收的《百花争放》、《茅竹丰收》、《春风细雨育新苗》、《丰收时刻》。有描绘祖国壮丽山河的大型壁画《漓江新春》、《庐山风光》、《太湖景色》，有描写革命圣地新貌的《韶山》、《延安》、《井冈山》等。表现人物多以革命样板戏为题材，如《红灯记》、《沙家浜》、《红色娘子军》等。表现为领袖人物为内容的有“马、恩、列、斯、毛”，瓷画像艺术得到进一步发展。绘画水准颇高，此时作品均不署名。

此时工艺技能普遍提高，如以刻代刀“玲珑瓷”，打破了玲珑纹饰的单一“米粒状”，表现形式变化多样，由米粒状演化为圆、尖、扁形和流线状，还可雕成花鸟、水浪花、云朵等图案，新颖别致，赏心悦目。重工粉彩薄胎瓷，彩绘尤为工致秀丽，传神的形象与细腻晶莹的瓷胎统一协调，可谓鬼斧神工。粉彩装饰设色洗染工艺也有了突破性的发展，采取了点染与套色相结合的手法。超过康、雍、乾水平。

（撰文：李文跃）

❶ 【毛主席像瓷盘】

口径21cm 景德镇精益斋藏

2

【粉彩人物盘】

二十世纪七十年代 口径 27.6cm

景德镇精益斋藏

3

【釉下蓝彩花卉盘】

口径 21.6cm

为毛主席纪念堂设计

景德镇精益斋藏

4

【粉彩海滩钻井瓷盘】

1975 年　口径 21.3cm

景德镇精益斋藏

5

【豆青釉划花瓷盘】

二十世纪七十年代　口径 28cm

戴荣华作　景德镇精益斋藏

6

【粉彩婴戏纹盘】

二十世纪七十年代 口径21.4cm

王锡良作 景德镇精益斋藏

68 五、六十年代的景德镇瓷塑

景德镇瓷塑可追塑到宋元时期，清末和民国初的瓷塑大师有游长子、曾龙升、徐顺元、蔡寿生、杨海生、杨秦川和蔡金台等人。

五、六十年代时，景德镇瓷塑得到恢复和发展。1959 年景德镇市授予 33 人为“陶瓷美术家”，有 7 人是瓷塑家，分别是曾龙升、蔡寿生、杨海生、杨秦川、蔡金台、周国桢和毛龙汲。

这一时期作品在题材上打破了传统的观音、罗汉、达摩、八仙等神佛一统天下的格局，历史题材、现实题材更多地进入创作范围。

现实题材作品有《刘胡兰》、《工农联盟》、《光荣参军》、《珍惜粮食》、《埃及姑娘》、《采茶舞》等。另有《卷毛小花猫》八只一套，瓷胎缜密、釉色洁白、造型逼真、构思灵巧，成为轰动一时的佳作。

1959 年国庆十周年期间，创作了一批重要作品，如浮雕《井冈山》，大型瓷壁画《长征中的宣传员》、《瓷都大跃进》等。

对历史题材和传统题材也作了重新设计，如《武松打虎》、《盗仙草》、《嫦娥奔月》、《花木兰》、《钟馗嫁妹》等。

新技法、新艺术在瓷塑中得到广泛运用，如色釉浮雕作品，浮雕与绘画相结合的作品，都拓展了瓷雕的表现能力。

❶

【瓷塑《鲁迅像》】

二十世纪五十年代 高 43cm

景德镇精益斋藏

2

【瓷塑 《振臂高呼》】

二十世纪五十年代 高 32.5cm

景德镇精益斋藏

3

【彩塑 《贾宝玉》】

二十世纪五十年代 高 32.2 cm

景德镇精益斋藏

69 现代瓷画

瓷画二十世纪初起兴盛，八十年代以来更为繁荣。

除景德镇外，湖南醴陵、广东枫溪等地均有个性特征鲜明的瓷画作品。

从工艺看，除青花釉里红和粉彩等传统釉彩外，湖南醴陵在清末创造的釉下五彩被广泛使用，丰富了瓷画的表现能力。此外，堆塑、刷花、复合彩、珍珠彩、刻釉等技法都能表现特殊的艺术效果。

现代瓷画流派纷呈。其中粉彩画风格基本沿袭珠山八友的传统。青花釉里红技法较好地表现水墨画效果，现代青花釉里红瓷画在构图形式多作更新，总体上仍是传统中国画的再现。值得称道的是一些中青年画师的新作，在工艺手法、绘画风格和表现手法上，都摆脱了传统瓷画的束缚，力图用釉彩的潜在理化功能达到崭新的视觉效果，这是瓷画区别于其他画种的独特魅力，也是瓷画的生命力所在。

近年来，不少职业画家开始介入瓷画领域，其中不乏功力深厚的中画家和品位超前的西画家。他们用自己的理解去创作瓷画。和长期从事陶艺的画师相比，这些两栖画家作品情趣意境的高远和釉彩技法的生疏构成巨大反差。当这一易于克服的反差消退时，中国瓷画将进入一个新的世纪。

1 【釉下彩人物瓷瓶】

现代 俞晓夫作

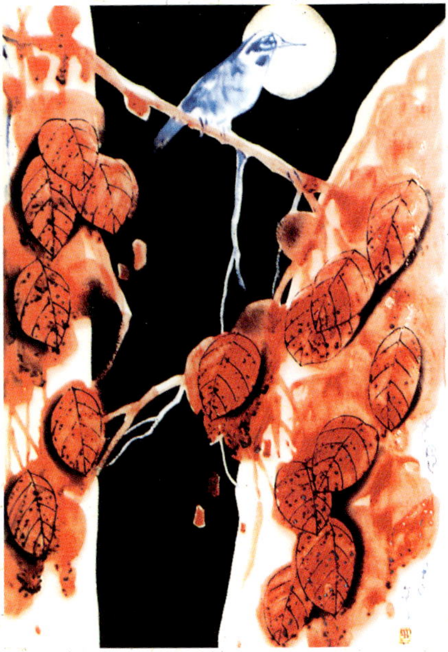

❷

【鸣月瓷板】

现代 郭文连作 综合装饰 25x37cm

❸

【柳塘春色瓷板】

现代 宁勤征作 刷花 37x37cm

70 德化白瓷

福建制瓷以建阳的黑釉和德化的白釉最有名，分别称为建黑和建白。

德化瓷土含铁量少含钾量高，烧成后极为坚致，薄处如乳白玻璃。釉色莹润，迎光照看白中含红，称“象牙白”、“猪油白”或“鹅绒白”，国外称之为“中国白”。

德化白瓷烧制始于明初，历朝釉色有别，明初制品白中含粉红，明中呈奶油黄色，明末为奶油白色，至清初已白中含青，且“胎地厚而粗，釉水莹而薄”。

造型有日用器和人像两类。

日用器都属文人赏玩的精雅之物。各式梅花杯、犀角杯最具特色，杯上用瓷土堆烧纹饰，极具妩媚之态。仿铜器的鼎炉之属端庄静穆，气势不凡。

瓷塑人像取材于道佛或民间故事，形态生动，面目和手足精细入微，自径寸小品至数尺巨作都有。明代有诸多名家，嘉万年间的何朝宗最著名，另有何朝春、张寿山、林朝景、陈伟、许良西、苏学全等人。

民国初仿品灌浆成型，体轻、釉奶黄色、光泽过猛。日本仿品带东洋味。

五十年代后建白恢复生产，除猪油白外又添“孩儿红”一种。瓷质可与明代相比，釉面晶莹略胜一筹。造型具现代气息。

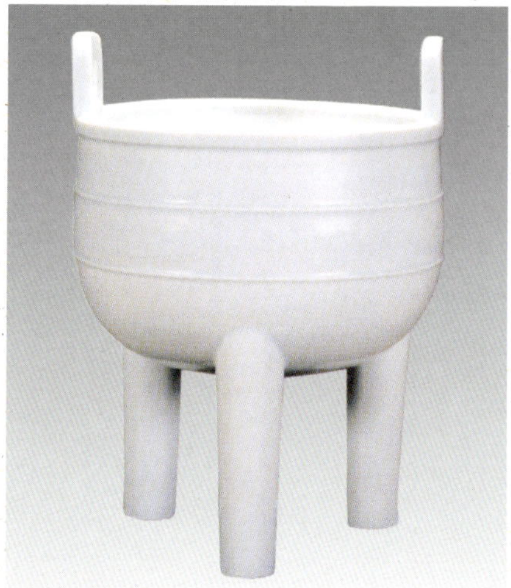

1

【德化白瓷三足炉】

晚明 高 25.2cm

苏富比 1993 年香港春拍

HK$60,000 ～ 80,000

2

【德化白釉醉仙卧像】

晚明 长 15.3cm

3

【德化白釉观音像】

明 何朝宗 制

4

【德化白釉释迦坐像】

晚明 高 23cm

71 清代的雕瓷和刻瓷

清后期流行雕瓷和刻瓷，都属名师制作，其精者价同官窑。

雕瓷系在胎上浮雕山水花鸟或人物走兽，因系单件手工制作，费时费力，技术要求高，非巧匠不能为，故在当时已很难得。作品都系文玩之属，如笔筒、水盂、酒杯之类。有上釉与不上釉两种，不上釉的又称反瓷。上釉的除涂白、黄、绿等色釉外，又见仿竹、仿木、仿漆等色釉。

晚清雕瓷名家有陈国治（咸丰、同治年间人）、王炳荣（同治、光绪年间人）、李裕成（同治、光绪年间人）、李裕元（光绪年间人）等数位。

民国时雕瓷名师游长子（一称游蛮子）最有名。除雕瓷外，手捏肖像具极高水平。同时代的四川人李东山也负盛名。

刻瓷始于乾隆，清末光绪时流行。用硬器在白釉瓷上刻划后涂黑，如线描画。纹饰有图案和绘画两种，附款字、诗句、年款、姓氏等。笔筒等文玩和壶杯等日用器均有。刻瓷工匠颇多，江西新建人黎瑛（字竹庵）最有名。其子黎勉亭曾在民国初被袁世凯请至北平为英国国王刻相，轰动一时。

❶

【雕瓷绿釉云龙纹灯笼瓶】

清 乾隆 高45cm

佳士得1996年香港秋拍

HK$1,500,000 ~ 1,800,000

2

【黄釉仿竹刻人物纹笔筒】

清 道光　高 14cm

日本 出光美术馆藏

3

【浮雕白瓷芦苇蟹纹杯】

清 光绪　底面“李裕成”款

72 毛泽东瓷像和瓷章

六七十年代，在特定的政治形势下，生产毛泽东像和像章作政治任务，有金、银、铝、铜、及竹、木、瓷等材质。除景德镇外，福建德化、湖南醴陵、江苏宜兴、江苏苏州、河北邯郸等地均有生产。瓷像章数量浩大，仅福建德化四家瓷厂就生产瓷章708万枚。

当时瓷像章生产作为头等大事，选用最优的高白度瓷瓷土配方，每枚章都经过十多道工序的精工细作。有不少制瓷能手和绘画、书法、瓷雕名家到瓷厂协助。不少当代最著名的陶瓷大师均亲自动手或直接指导制作了不少精品章。像章圆形居多，另见异形章。工艺上采用印刷贴花，低温烧烤方法，有些还饰以金边。

毛泽东瓷章有许多种，包括各个历史时期头像、军装头像、里程碑套章、万岁章、红边章、浮雕章、异形章、腐蚀金章、名画套章、双人检阅章、去安源章、挥手章、右看章、大衣章、木刻版章等。每种由数枚至十多枚构成一套。

【江苏宜兴】

【福建德化】

【浙江衢县】

【景德镇】

【江苏苏州】

【景德镇】

【福建德化】

【景德镇】

【景德镇】

【湖南醴陵】

73 唐宋碗型的演化

中国古瓷中碗的产量最大。历代造型有别，是重要断代依据。

唐碗——初唐有折腹碗，上腹平直，下腹内折，平底。中唐有撇口碗，中腹向外斜出，玉壁底。晚唐有荷叶形碗、海棠式碗和葵瓣口碗。

五代大足碗——有直壁或弧壁两式，唇口或花口，圈足大（为口径二分之一）、圈足矮（为通高的十分之一）、足壁厚（约0.8cm）。

北宋高足碗——圈足为通高的四分之一，足径为口径的五分之一，足壁薄于0.5cm，北宋早中期流行。

宋代斗笠碗——斜壁，小底（为口径四分之一），碗壁薄，如倒置斗笠。

宋代芒口碗——覆烧而成，口露胎（芒口）底满釉，胎骨由口沿至底足渐薄。北宋后期到南宋早期的直口弧壁，南宋中后期和元代的为斜壁和侈口弧壁。

❶ 【越窑青釉海棠式大碗】

唐

❷ 【越窑青釉斜壁碗】

五代

3

【龙泉青瓷碗】

南宋

日本 东京国立博物馆藏

4

【吉州窑黑釉碗】

南宋

5

【定窑划花碗】

北宋

74 元明碗型的演化

元折腰碗——元中期出现，口至底内弧形，底至足外弧形，之间有折角，足外撇。

元高足杯——有青花、青釉、白釉、青白釉和釉里红数种。由杯身和杯足组成。高足喇叭形、一握高低，有的做成竹节状，杯身和高足之间泥接（明初起改为釉接）。元代生产的转心高足杯，杯身和高足可转动。

元觚杯——仿铜器。圆腹，四侧有扉棱。上下喇叭形。底面有孔，非实用酒器。

明高足碗——口径15cm或15cm上下。弧腹、喇叭状足。

明宫碗——鼓腹、撇口。足径早期较大，成化后缩小。以正德制品最著名，又称“正德碗”，是明早中期碗的主要造型。

明压手杯——永乐时始见。坦口，折腰，口径9cm左右，胎体沉重有压手之感。另说手持时正好压于虎口，称压手杯。后世多有仿制，体形渐大。

明莲子碗——早期多见，口直，腹内敛，小圈足，状如莲蓬。明中期起足径增大。

明净水碗——佛具。侈口或弇口，圆腹，下有承座（可分）。

❶ 【釉里红花卉纹小碗】

元

❷ 【青花五彩莲池龙纹碗】

明 宣德 西藏 萨迦寺藏

3

【红地绿彩方碗】

明 嘉靖

4

【青花红彩海兽纹高足杯】

明 宣德

75 明代民窑碗底足变化规律

碗的底足因制作工艺的不同具很强的时代特征。如五代碗为大圈足，足径达口径的二分之一，到明中期足径仅碗径的三分之一。北宋早中期出现高足碗，足高为全碗的四分之一，而五代碗仅十分之一。

明代民窑碗的底足变化表现为：

洪武早期碗矮圈足或假圈足，中后期圈足由小变大，由厚变薄，内壁由斜变直。早期砂底，中期后釉底渐多。早期底心乳突较大，中期起渐小。

永乐碗圈足增高(1－1.5cm)。内壁和底面垂直，交接处切削干净不留胎土。底面平，略隆起，有旋削纹和细小乳突。

宣德碗圈足较永乐稍矮，足端平切并略打磨。底面平坦，中心有细小乳突，见旋削纹和跳刀痕（放射状），釉底为主。

成化、弘治和正德碗类器物底足轻薄，圈足和底面垂直（盘类内倾）。圈足缩小。底面少见乳突，釉底。

嘉靖、隆庆和万历碗的底足低矮为多，略内敛。

天启碗圈足顶端早期打磨如灯草状，后期为鱼背状。露胎线宽窄不均，沾有窑砂。见向心坍塌，出现宽厚的壁形底。底面有乳突和跳刀痕。

崇祯碗圈足低矮，外壁重刀斜削（似明初），底面见旋削纹和跳刀痕。砂底或釉底均有，砂底的见窑红。底足沾有窑砂。

【元代】

【洪武】

【永乐】

【成化】

【宣德】

【嘉靖】

【正统—天顺】

【崇祯】

76 历代玉壶春瓶的造型变化

玉壶春瓶宋元明清均有生产，原为酒器，明清已作陈设品。瓶的外形曲线为两个对称的“S”形，各朝造型略见区别。

宋代玉壶瓶撇口，细颈，圆腹，圈足，形体修长优美，楚楚动人。主要为北方窑生产，汝窑作品最精。

元代早期玉壶春瓶如宋制，卵腹至底渐收，细颈瘦削，圈足外撇。元末制品腹肥，颈粗。元青花中有八棱形玉壶春瓶。

明代玉壶春瓶渐粗壮，腹部下部较肥，颈部较短。

清代玉壶春瓶造型撇口增大，圈足加高，颈短，腹肥。清乾隆制青花竹石芭蕉玉壶春瓶造型端庄，比例恰当，晚清多有仿制，但颈腹比例或大或小略逊一筹。

❶

【钧窑青釉玉壶春瓶】

北宋至金 高 31.4cm

日本 东京 户栗美术馆藏

❷【**黑釉褐斑玉壶春瓶**】

元 韩国新安海底沉船遗物

❸【**釉里红菊花纹玉壶春瓶**】

明初 高 32.2cm

日本 东京户栗美术馆藏

❹【**黄地釉里红玉壶春瓶**】

清 乾隆

77 瓷砚造型的时代特征

瓷砚自三国起出现，唐以前较流行，宋以前都为青釉砚，宋时有官窑、哥窑、钧窑砚，明清时有青花、彩釉和色釉砚几种。

三国西晋——砚面平，外围有承盖子口，底部以三熊为足。

东晋——砚面微鼓，子口加高，以兽蹄为足。

南朝——砚面鼓起，砚面有蓄水槽，兽蹄或圆珠为足，三足至六足。

隋唐——砚面圆形凸起，周边有下凹水槽，砚足增多如栅栏状。

明清砚方圆均有，方形的如石砚，圆形的有三种造型：

1、饼状砚——实心、砚心微凹，砚心和砚边间有水槽。有的砚心边挖出半圆形或银锭形砚池。

2、洗状砚——面有砚面，另一面为直沿洗。清民窑有黄釉、哥釉的洗状砚。

3、空心砚——砚中有空可贮水，砚池处为出水口，余同饼状砚。

❶ 【越窑青釉多足砚】

唐

2

【青花五彩瓷砚】

明 万历

3

【青花粉彩圆砚】

清

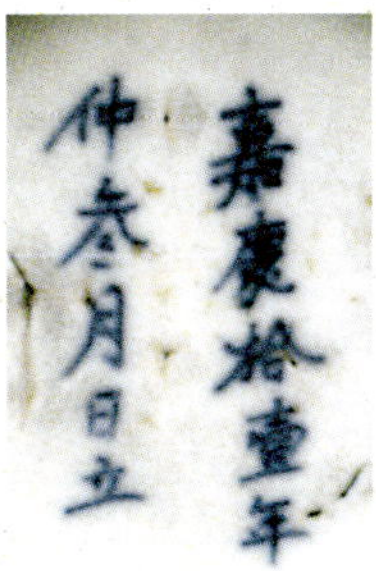

78 元明清龙纹的演化

龙纹是元、明、清陶瓷器常见纹饰，每一时代的造型特征有别。

1、元代龙纹

元青花上龙纹有简易和繁复两种画法。小头、双角、吐舌，长身，疏发或无发。三爪或四爪较多。龙身有鱼鳞状纹、斜方格纹或青料填染。

2、明代龙纹

洪武龙身和元代相似，五爪较多，爪趾成一圆圈。

永乐、宣德时龙体和龙肢变粗，上颚高突，披发，张嘴伸舌。

成化、弘治、正德时龙体闭嘴，方首，竖发，龙睛平视，配以莲池、散花，成化有衔花龙，弘治见翼龙。

嘉靖、隆庆、万历时龙鼻如意状，戏称猪嘴龙。

3、清代龙纹

顺治龙纹爪的拇趾和其他三趾相对如人手。

康熙龙纹伸舌上卷，下颚有肉刺，龙须卷曲，龙发后掠，龙额博山状，凶猛威严，称“老龙”。

1 【青花龙纹】

元　残长 12cm

❷

【青花龙纹】

明 嘉靖

❸

【龙纹】

清 康熙

❹

【矾红双龙赶珠纹碗(一对)】

清 康熙 口径 15.8cm

苏富比 1995 年香港秋拍

HK$200,000 ~ 300,000

79 明清瓷上八仙纹的演化

八仙是道家神仙。元龙泉青瓷最先用于装饰。明早期民窑采用八仙纹，明中期起官窑也渐使用。

八仙人物元代尚未固定。明代时人物固定但顺序未定。至清代八仙按序确定为汉钟离、铁拐李、蓝采和、韩湘子、曹国舅、张果老、吕洞宾、 何仙姑。

明清八仙纹造型略有区别。

汉钟离——持桃或芭蕉。

铁拐李——持葫芦拐杖，嘉靖后葫芦上有云气，立一小铁拐。清代时手持葫芦，踏龙首杖。

蓝采和——明代造型手持花篮肩挑花锄，清代造型花笼用花锄挑于肩上。康熙造型仅持灵芝。

韩湘子——持竹笛，清代时持龙首笛。

曹国舅——持麈尾，嘉靖后改持阴阳板，有四至五块。清代所持阴阳板为双板。

张果老——持鱼鼓或骑驴，清代加一对细长鼓棒。

吕洞宾——持宝剑或麈尾，清乾隆后随一柳树精。

清乾隆后将八仙所持之物单独绘制，称“暗八仙”或八宝，为葫芦、笛子、阴阳板、花篮、宝剑、芭蕉（扇）、渔鼓、笊篱。有的为两件组合。

❶

【青花八仙纹（外销瓷）】

明 嘉靖

2

【青花釉里红八仙纹】

清 雍正

3

【青花五彩八仙纹】

清 乾隆

4

【青花八仙纹碗】

清 光绪

80 历代蕉叶纹和莲瓣纹的特征

元和明清瓷上蕉叶纹和莲瓣纹为常见纹饰，绘于瓶颈、罐肩等处。历朝画法有异，可作断代标准。

1、蕉叶纹

元代蕉叶纹中茎一笔画成或两笔勾成再填色。

明代蕉叶纹大多两笔勾成不填色。洪武时中茎两线平行至叶尖相聚，叶脉细密，叶边沿用粗笔加绘呈锯齿状。永乐、宣德时中茎为两条粗线构成三角形状，叶脉疏，叶边沿用细笔勾勒。正统、景泰、天顺时蕉叶纹外沿重笔渲染。

2、莲瓣纹

元代变体莲瓣各瓣独立，双框外粗内细，中填道家八宝（火焰、珊瑚等）或花卉。

明洪武变体莲瓣互借边线连成一体，中填佛家八宝（轮、螺、幢、伞等）。

明永乐、宣德变体莲瓣的瓣心填色，宣德时见双层莲瓣。

明后期变体莲瓣已简化成栅栏状，瓣中画两方块。

明正统和明晚期的莲瓣有写实画法，螺蛳靥状。

【元代蕉叶纹】

【明洪武蕉叶纹】

【明宣德蕉叶纹】

【明洪武莲瓣纹】

【明正统蕉叶纹】

【明宣德莲瓣纹】

【元代莲瓣纹】

【明嘉靖莲瓣纹】

81 历代卷草纹和回纹的特征

卷草纹和回纹是最常见的辅助纹饰，用于器物的口沿、圈足或作主题纹饰间的分隔带。

1、卷草纹

卷草纹源于唐代的丝绸纹样，日本称之为唐草纹。一种由简易的单线绘成，另一种演化成有枝蔓的复杂纹样，都有一连绵不断的藤蔓作主线。

元青花上的卷草纹每一单位独立绘制，一正一反相接。也有二上一下或二下一上，不先画中心波谷曲线。

明初卷草纹先画一中心波谷线，在上伸发卷草纹，明中期起，又见不画中心波谷线的卷草纹。

2、回纹

回纹源于三代青铜器的云雷纹。

元青花上回纹单体绘制，从左上方起逆时针画，从外到内。一般为套叠双框如篆文回字，也见单框。

明初回纹两个一组，笔画相连，借用一条边线，另一种画法是整个饰带一笔相连，从外向里画后再逆向画出，开始第二个单位。

清代回纹单线描画或双线勾勒后填色，乾隆画法最精，填青准确而均匀。

【元代卷草纹】

【明洪武卷草纹】

【明宣德卷草纹】

【明洪武回纹】

【明万历卷草纹】

【明永乐回纹】

【元代回纹】

【明弘治回纹】

82 清末民初的美人图

美人图是晚清以来的传统纹样。人物束腰长裙，衫领低开，手足不露，秀发披肩，属明代宫装美人的形象。一般都为粉彩描金，衣裙用粉红、鹅黄、雪青、湖绿填绘，画面一派春光。

民国初，美女画法有两种。一种是以珠山八友为代表的新粉彩画法，注重造型准确，有些头部还分阴阳面，吸取了同时代海上画派人物画的技法，更接近画。另一种是晚清以来的传统美人图画法。

民国初装饰美人图的有餐具（盘、碟、碗、杯）和陈设器（花瓶、盖罐）。人物虽见主仆之分，但造型相似，鹅蛋脸、柳叶眉和樱桃嘴构成了东方式的美女形象。

这种美人图开相有专职画师，整个景德镇仅数位，故而所绘面相雷同。清末起，日本和西洋彩的引进使画面益鲜丽光彩。

清末民初的美人图一般题有诗句或年款，书法精美。

❶ 【美人图盖缸】

清 光绪 黄汝铭作

❷ 【美人图双耳瓶】

民国初

【清乾隆珊瑚红地金彩葫芦瓶】

【民国雪景山水盘】
【元青花缠枝牡丹纹瓶】
【清雍正珐琅彩百花图碗】

83 明洪武和永乐年号款的特征

明洪武官窑器上未见年号款。目前所见几种洪武款均民窑出品。明后期有“大明洪武年制”仿款，书写风格与这一时期的民窑款相近。

永乐年号款在官窑器上渐成定式，有“永乐年制”四字篆体一种，单色釉瓷为暗款，青花瓷为青花款，款字外围以圈、椭圆、龙凤、轮形、花边、云纹等。

永乐青花款和暗款字体相似。暗款有模印和刻划两种。款字笔画圆柔，刻款起笔收笔尖细，从书法角度看较为稚嫩。

❶【釉里红串枝纹大罐】

明 洪武

❷【晚明仿洪武款】

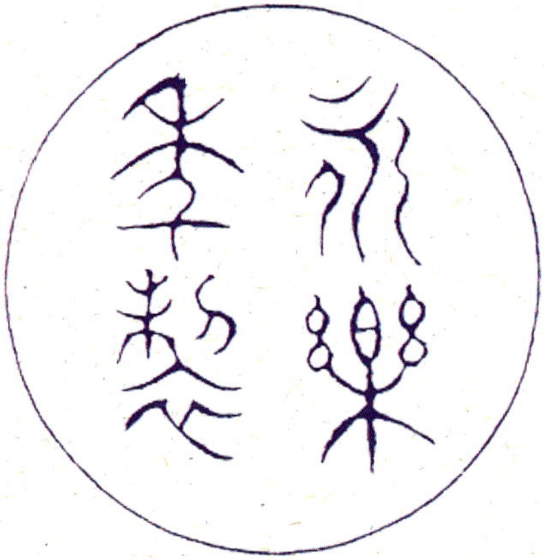

❸【明永乐年号款摹本】

❹【明永乐年号款】

❺【明崇祯仿永乐年号楷款】

84 明宣德年号款的特征

宣德年号款有“宣德年制”和“大明宣德年制”两种，楷体或篆体。

篆体“宣德年制”款近年发现，“宣德”两字笔画平直，“年款”两字则较圆柔和永乐款几乎一样。四个字书写风格不统一，估计是宣德初作品。

宣德楷款有青花和红彩两种，红彩的近年才发现，主要书法特征为:

1、用进口苏泥勃青料，呈色浓艳青翠，见钴料结晶点。

2、釉层肥厚。密布气泡，釉表桔皮纹。款字因气泡而有朦胧感。

3、款字书写粗糙居多，间距大小不一，各种器物上款字有明显的差异，似非一人所书。

4、“德”字心上少一横，唐代虞世南、欧阳询诸家均有这种写法。有些款“[illegible]”和“心”距离过大，气势不连贯。

5、“年”字第四笔一般为向右的斜点。在传世品中，凡年字第四笔为右斜点的基本是真款，写短竖的则有真有伪。因成化官款“年”的第四笔也作短竖，这些具宣德款特征，又写短竖“年”宣德款的是否为正统、景泰、天顺三朝和成化早年所制存疑。

6、“制”下衣字首点或有或无，有些款第一画点和第三画撇用一笔写成。清雍正、乾隆珐琅彩款中也见这种写法。

1

【青花灵芝纹罐】

明 宣德

2

【仿宣德年号款】

85 明成化年号款的特征

明成化官窑款为“成化年制”和“大明成化年制”，民窑款为“大明成化年造”，青花题写和刻划暗款都有，后者少见。

成化朝长达二十三年，但传世年号款书风相近，似一人所书，这就为确认成化款特点提供了方便。

1、釉有白和白中含青两种，釉汁肥厚，釉层中有小而密集的气泡，使釉层带玉质感。有些器物底面呈同心圆式的波浪痕。

2、青花用国产钴料，呈色淡雅、纯净。

3、款字中锋用笔，起笔圆浑收笔尖细。笔画雄健，跌宕跳跃，有明显粗细变化。款字之间气势连贯，前后呼应，一气呵成。如果说宣德款带初唐书风的严谨古朴，那么成化款则具晚唐书风的活泼流畅。

4、笔画较多使用逆势。左撇笔画均向内逆势收笔，有些夸张地上挑后再向左下撇出，和通常的向下圆势不同。

5、“成”字的斜右勾平直，很少弯势，第五画撇平直或逆势向左下方。

6、“化”字右半竖横勾转折处轻柔圆滑，起笔比右半“人”傍略高。

7、“年”字第四画写成短竖，垂直或向右下方倾斜。大多超出第三画短横。个别的第四画作右斜点，类似宣德款写法，疑为成化早期风格。

8、“制”上半部右面“刂”写成两竖，长短相仿。“制”下“衣”的一横大多右面稍短，不超出“刂”的第二笔。

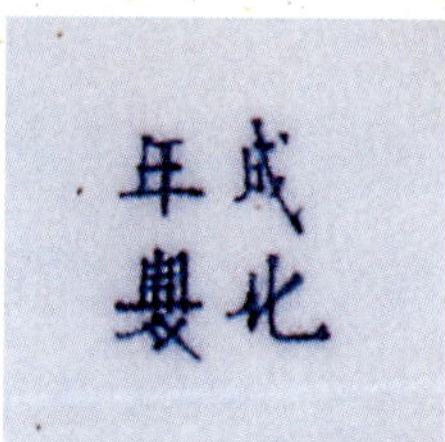

❷ 【后仿成化年号款】

❶

【斗彩团花纹罐】

明 成化

❸

【成化年号款】

86 明弘治年号款的特征

明弘治年号款有“弘治年制”和“大明弘治年制”两式。四字唯见篆体暗款，六字款楷体，青花题写。

弘治楷书年号款摆脱了晋唐楷书严谨法度的束缚，采用了更适合釉彩书写的书体，笔画平直，布白均匀，有美术字化的倾向。

1、釉白中含青灰，较厚浊。

2、用国产平等青料，呈或深或浅的灰青色，非常纯净。

3、款字点画粗细变化较小，瘦硬挺拔，字体俊秀。

4、笔画倚斜，竖笔从右上向左下倾斜，横笔从左下向右上倾斜。

5、“弘”字的弓上宽下窄。“治”字口末笔显著出头。“年”字第四画为左斜的短竖，和成化款年字中右斜短竖相反。

6、弘治有“弘治年制”刻划篆体一种，笔画圆润，结体宽松，“年制”两字写法和永乐篆款相似。

❶ 【外销五彩碗】
明 弘治

2

【铁釉花卉盘】

明 弘治

87 明正德年号款的特征

明正德官窑年号为“正德年制”和“大明正德年制”，民窑年号为“正德年造”和“大明正德年造”。楷体，青花或红彩均有。

正德款字奇崛刚健，将弘治开启的平直方正的书风发挥尽致，和北朝碑刻的风格极为一致。

1、釉面青亮，釉层中有小而密集鱼子状气泡。早期青花用国产青料，呈色纯正。晚期用进口回青料，呈色青中含紫。红彩年号款也较多。

2、款字笔画平正，结体宽博，横笔画间距一致，基本平行。

3、“正”字首画短，末画长，第四画短竖的上延线和首画起笔处基本相交。

4、“德”字心上无一横，右半部上紧下松，上窄下宽。

5、“年”字第四画有斜点，短竖和短横三种写法，源出北碑书风。“年”的三横笔（二画，三画，五画）逐次加长呈宝塔形。

6、“制”下衣字首画点大多不写。衣的短撇（五画）和捺交叉，且和竖勾的竖笔相连，和勾平行。

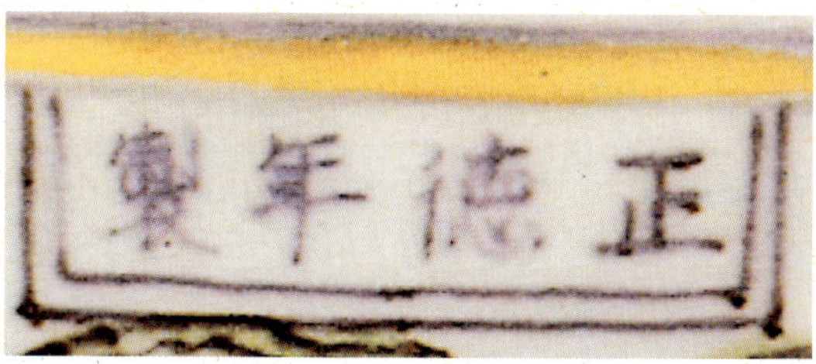

【**黄地绿龙渣斗**】

明 正德

88 明嘉靖年号款的特征

明嘉靖官窑款有“嘉靖年制”、“大明嘉靖年制”和“大明嘉靖年造”三种，民窑款则唯见后两种。另有“嘉靖制造”款，少见。款字青花、模印和刻划暗款均有。

1、嘉靖胎骨白净坚致，釉面青亮。青花采用进口回青料，呈色蓝中含紫，亮丽光艳，略见晕散。

2、笔画平直，间距匀称，无明显粗细变化。款字呈长方形，字距较小。

3、横笔逆势，两头低中间高如扁担状。勾画长，大多与左面笔画相接。捺脚修长，折角明显，极似北碑写法。

4、同一字的横笔画长短几乎一致，“嘉”和“青”上半部尤为明显。

5、“明”和“靖”中的月字，左右直笔内凹成弓形，横笔中间上凸。

6、“制”下衣字左勾和短撇相接，属嘉靖年号款的一种写法。

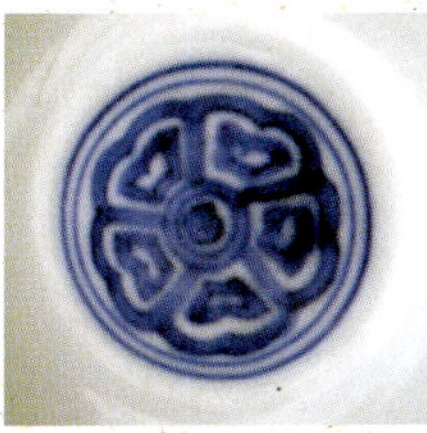

【**青花卧足碗**】

明 嘉靖 直径6.9cm

89 明隆庆年号款的特征

明隆庆官窑款为“大明隆庆年造”一种，民窑款有“隆庆年制”和“隆庆年造”两种，青花或红彩书写。

隆庆年号款风格不一，工整精致与草率粗陋均有。从书法角度讲，隆庆款峻峭挺拔，英气超绝，在明代年号款中独树一帜。

1、胎色稍灰，釉层肥厚，用进口回青，呈色浓艳青紫。

2、官窑款用“大明隆庆年造”六字，即改“制”为“造”，在明代年号款中仅见。以青花款为主，另见红彩款。

3、成熟的隆庆款笔画遒劲有力，提按分明，刚健峻峭，结体严谨。

4、有些款字笔画粗细变化小，逆势用笔，与嘉靖官窑如同一手笔，应属隆庆初期风格。大部分隆庆官款行气十足，随意洒脱，启万历款之新风。

5、隆庆民窑款同为“大明隆庆年造”六字。有些款中将“隆”下的生写成正，“年”字多一横，为民窑特色。

【青地黄龙菱花盘】

明 隆庆

90 明万历年号款的特征

明万历官窑款有“万历年製”和“大明万历年製”两种，民窑款另加“大明万历年造”一种。用青花、红彩和赭色书写，也见刻划暗款。

万历年号有两种风格。一类款字带有明显的嘉靖款痕迹，逆势用笔，笔画粗细变化小，结体规整。另一类用笔提按分明，用笔跳宕，结体生动，具晚明民窑款字特点。前一类属早期作品，后一类属晚期作品。

1、官窑青花以万历二十四年为界，分前后两期，前期用进口青花和国产石子青的混合料，蓝中含紫无浓淡，明亮艳扬。后期用浙江料，蓝中带灰，但纯净清丽。

2、“大”字有两种写法，笔画平稳的三画相交于一点，如“大”，笔画提按明显的三画不交于一上，成“大”或“大”。

3、“万”上草字头有“卄”和“⺍”两种写法。在前后期两种风格的款上都能见到。下部“禸”后期风格上宽下窄，右肩有两个折角成“冂”，和北碑写法相似。

4、“秝”上都有“秝”、“林”和“秝”三种写法，第一种多见，第三种一般为仿款。

5、“年”字有数种写法，第四画写成短竖的较多，和嘉靖、隆庆款相似。另有“年”，“年”，“年”几种，一般是后期作品。

6、“製”下衣字首点一般不写。左勾和短撇相接或不相接的均有，早期的大多相接如一笔，成“衣”。

【青花五彩四方瓶】

明 万历

91 清顺治年号款的特征

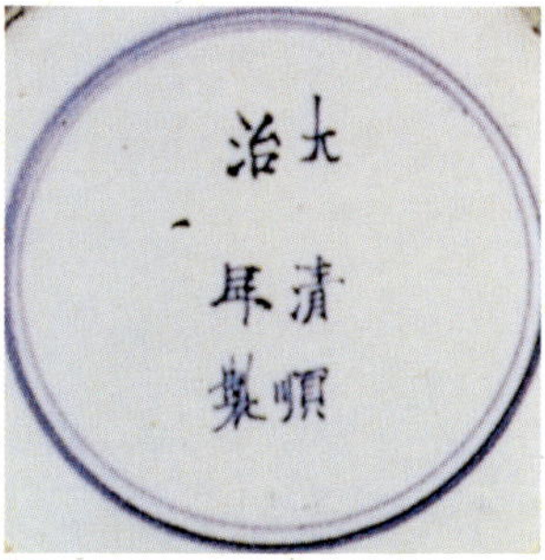

清顺治年号款有“顺治年製”和“大清顺治年製”两种。

顺治瓷题年号款的有民窑器和民窑生产的官窑器两类。事实上这两类产品很难区分。

1、釉层厚润，带乳浊的青白色。用国产青料，早期的青中含灰，晚期的纯净翠青。

2、“大清顺治年製”六字款用笔放纵，撇末尾上挑，捺脚重按轻提见一缺口。“大”字重心下移。“年”和“製”首笔夸张，存晚明款字遗风。

3、“顺治年製”四字款线条柔弱，用笔圆润含蓄。排列大多歪斜，间距不统一。这种风格的款字写法相似。

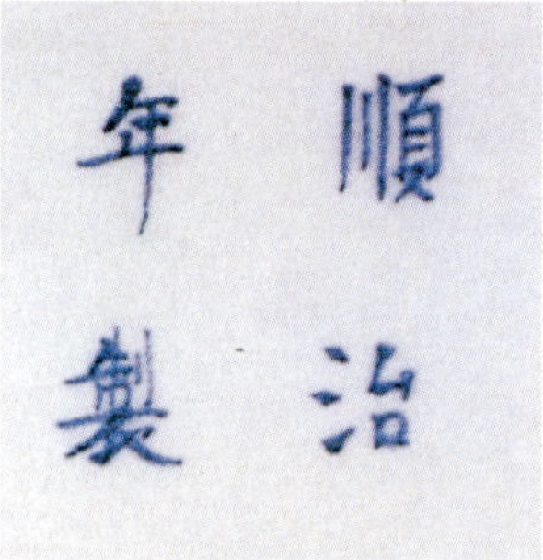

1

【蓝釉刻花龙纹盘】

清 顺治

92 清康熙年号款的特征

清康熙年号款有“康熙年製”、“康熙御製”和“大清康熙年製”三种，楷体为主，后期见篆体。青花、红彩、珐琅彩、褐彩、金彩、釉里红均有，另见凸雕和凹雕的款字。

1、楷书款有两种风格，前期的带有晚明民窑款字遗风，用笔流畅飘逸，重按轻提，结体疏密有致，秀劲峻奇。后期的更多的吸收了木板刻本宋体字的写法，用笔横平竖直，规整健挺，结体宽博端庄，严谨静穆。后期这种字体已开雍正款字先风，晚清光绪款字也采用了这种写法。

2、早期康熙年号款横笔修长柔美，起笔轻盈，收笔凝重。捺笔重按轻提见一缺口，收笔向右下方。点极轻，呈圆点状。结体上紧下松，内紧外松。

3、“清”字的三点水傍是两轻点后再挑笔。青上部竖笔向左斜。月有“月”和“冃”两种写法，后一种写法较少见。

4、“康”字上部为点横起笔，另一种点和竖勾连成一笔。后一种大多见于宋体字款，属康熙后期写法。“康”字下部有“水”和“氺”两种，其用法前后期无明确界限，后一种晚期稍多见。

5、“熙”字上部臣有数种写法，如“[illegible]”（三曲臣），“[illegible]”（两竖臣），“[illegible]”（目字臣）等，后两种较少见。“熙”下四点有三轻点一右斜点、四轻点、四右斜点等几种写法。

6、“年”字有“年”和“年”两种主要写法。第四画写右斜点的一般是康熙早中期作品，晚期以短竖为多。

7、“製”下衣字横划修长，竖勾和短撇有些一笔写成，有些两笔写成但相连。

8、珐琅彩年号款为“康熙御製”四字。笔画饱满凝重，圆润端庄，“康”下作“氺”状。“熙”下四点首点左斜，后三点右斜，和青花款不同。“製”下衣字无首点，横和撇连笔。

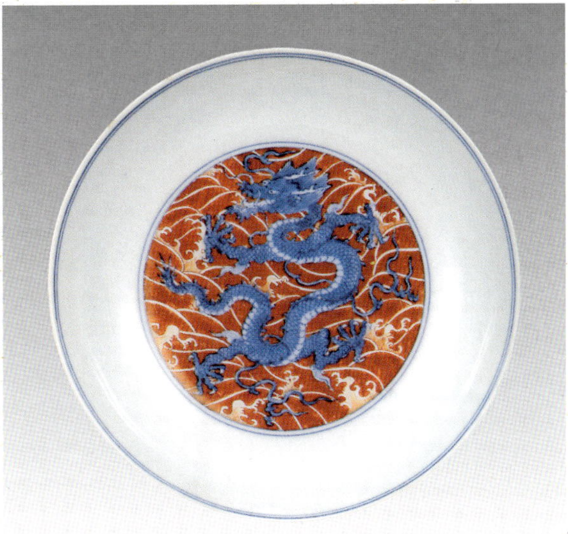

【红地青花龙纹盘】

清 康熙

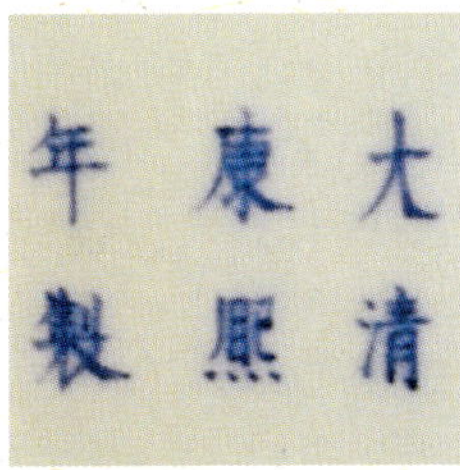

93 清雍正年号款的特征

清雍正年号款有“雍正年製”、“雍正御製”和“大清雍正年製”三种。“雍正御製”一般为楷体，其余两种楷篆均有。见青花、金彩、珐琅彩和刻制、模印等形式。

1、楷书款笔画挺拔峻峭，结体方正均匀。早期的横细竖粗如宋体字，后期的横竖粗细大体一致，成为雍正楷书年号的独有风格。

2、青花楷书年号的笔画特征是:

清——三点水有两种写法，一种是两轻点后挑笔，另一种为两斜点后挑笔。前者类似康熙写法，属早期风格。“青”上部“主”的竖笔向左倾斜，有些几乎和月字的撇成一直线。月有“月”和“月”两种写法，后者在雍正前期较多。

雍——首点为短竖，向左倾斜，有的带弯势。

年——首笔撇弯曲，衣略去首点。

3、珐琅彩楷款为“雍正御製”或“雍正年製”四字。制的下衣字首画点和第三画撇一笔写成。衣的左勾和短撇分两笔写成但收笔处相接连成一线。

4、篆款笔画平直结体方整，带有缪篆（汉印文字）风格。偶见方圆并济的篆款。“雍正年製”四字和“大清雍正年製”六字的都有。六字组成方形或长方形，方形的字体较为成熟。雍右半“尸”和“圭”中间竖笔不连，仿款则大多一笔写成，“製”下衣字概为“𠄟”状，乾隆早期篆款也见这种写法。

1

【粉彩团蝶纹碗】
清 雍正

94 清乾隆年号款的特征

清乾隆年号款有“乾隆年製”、“大清乾隆年製”和“大清乾隆仿古”三种。

1、款字题写有青花、红彩、金彩、珐琅彩、刻划、模印几种。

2、篆刻笔画平直，转角略带圆势。同一笔画的转折处似断开后另起笔，但笔断而势不断，一气贯成。近代仿款大多不见断笔。

3、篆款“清”字特征：

三点水有“氺”，“氺”，“氺”，和“氺”，几种写法，第一种雍正时常见，属乾隆初风格，第二种一般属乾隆二十年前作品。第三种最为常见。第四种为异体字，民窑款和仿款中多见。

4、篆款“乾”字特征：

乾左下部“十”写作“己”和“丂”，前者最常见，后者乾隆早期作品较多。乾左上部“吉”一般写作“岂”，早期作品偶见写成“凷”。

乾右上部“乚”一般写作“乚”或“人”。“大清乾隆仿古”篆款中则写成“凵”。

5、篆款“隆”字特征：

“隆”右上部“夂”有“卂”和“卂”两种主要写法，前者常见。

“隆”右下部“生”有“生”，“生”，“生”，“生”等几种写法，第一种最常见。

6、篆款“製”字特征：

“製”上左部“未”有“未”，“未”和“未”三种主要写法，以第一种为多。

“製”上右部“刂”有“刀”，“刀”，“刀”，和“刀”等几种写法均常见，似无明确前后区别。

“製”下衣字有“衣”，“衣”和“衣”三种主要写法，第一种早期风格，第二种常见，第三种晚期较多。

“製”下衣字首点或有或无。有点的大多写在“未”的中间竖笔右面，写在“未”和“刂”中间的很少。

7、乾隆青花楷款字体端庄，用笔爽利，早期作品和雍正款如出一人手笔。

8、乾隆珐琅彩楷款为“乾隆年製”四字，其中“製”字具有特征性写法：

衣字第一画点和第三画撇合成一笔，和雍正珐琅彩款写法相同。

衣字的左勾和短撇相连且与第三画长撇平行。

9、红彩楷款有“大清乾隆年製”和“乾隆年製”两种。“製”上左部“**帇**”中间一竖两笔写成，由“**㞢**”和“**巾**”两部拼成。同治红彩也见类似写法。

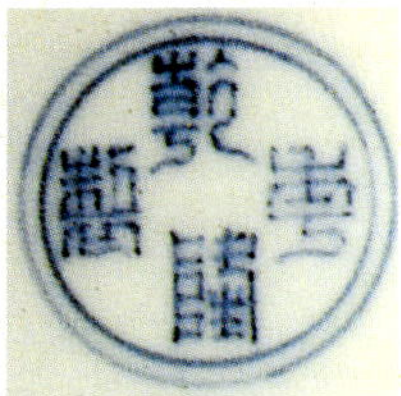

【**粉彩鸡缸杯**】

清 乾隆

95 清嘉庆年号款的特征

清嘉庆年号款字有“嘉庆年製”和“大清嘉庆年製”两种。篆楷均有，从篆为主。款字有青花、朱红、金彩等色釉，以朱红为主。

1、釉面泛青色，朱红釉浓郁鲜丽，青花则趋灰，后期青花有飘浮感。

2、篆款“清”字特征：

三点水傍有“[illegible]”，“[illegible]”，“[illegible]”，和“[illegible]”四种主要写法。第二、第三种常见。第一种沿袭乾隆款字，早期较多。第四种属嘉庆后期写法，为道光款沿用。

“青”有“[illegible]”和“[illegible]”两种写法，后者少见。

3、篆体“製”字特征：

“製”上右部“刂”写成“[illegible]”较多，这种写法乾隆款中还很少见。稍后有些款写成“[illegible]”，道光也有这种写法。另见“[illegible]”，很少。

“製”下衣字有“[illegible]”和“[illegible]”两种写法。第一种常见，第二种如乾隆款写法，似属早期风格。

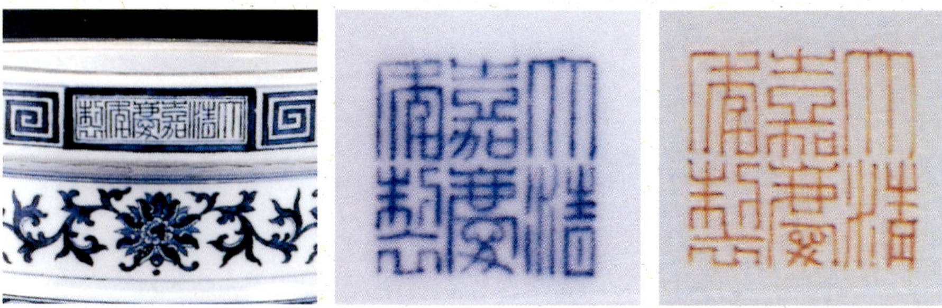

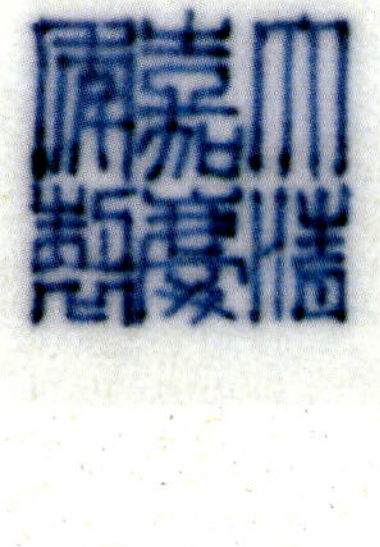

【**白描青花团花纹罐**】

清 嘉庆

96 清道光年号款的特征

清道光年号款有“大清道光年製”一种，篆楷兼备，篆体为主。

1、淡青釉或白釉，釉层肥厚，见波浪痕。款字用青花、红彩、金彩等书写，也见刻印。青花淡雅纯正，但略含灰。

2、篆款“大清道光年製”六字中，前后四字平直如乾隆、嘉庆款。“道光”两字用笔珠润玉圆、婉约流动，后期这种特征更明显，六字之间风格不统一。

3、篆款“清”字的三点均作“[illegible]”，这种写法在乾隆、嘉庆时偶一见到。青下月字成“[illegible]”或“[illegible]”，第二种后期多见。

4、“製”上右部“刂”写成“[illegible]”，“[illegible]”和“[illegible]”三种，第一种最常见，第二种实为异体，嘉庆时多用于民窑款，道光官款也偶采用。

❶【粉彩人物纹碗盖】
清 道光

❷

【粉彩描金八吉祥供座】
清 道光

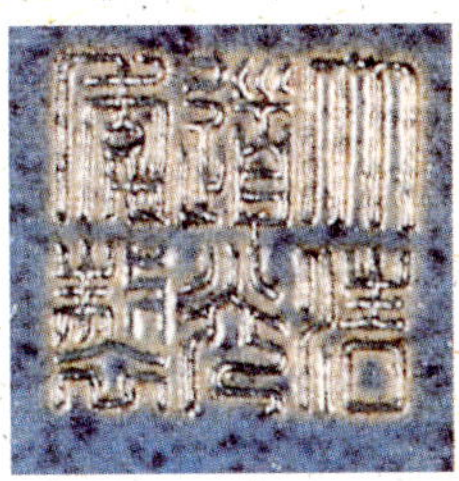

97 清咸丰年号款的特征

清咸丰年号款见“咸丰年製”和“大清咸丰年製”两种。这时楷款重新流行，字体丰腴秀美。傅闻以咸丰帝的字为蓝本。款字写法与欧阳询、虞世南风格相近，反映了当时官阁体盛行的情况。

1、釉层较薄，呈细小波浪状，早期釉色白，后期白中含青。青花呈色纯正明丽。

2、笔画圆润含蓄，横细竖粗。字体上松下紧，宽博大度，和虞世南的《孔子庙堂碑》非常相似，这是咸丰款的基本书法特征。

3、“清”字三点水前二点贴近，第三点稍分开。青上一竖左斜。月中二横成短横点，不与右竖相连。

4、“咸”字的第一画横和第二画撇分开。第七画斜勾较平直。第八画撇至口下横笔处而止。末画点在第一画横笔的右上角。

5、“年”第四画写成右斜点，不写短竖或短横。

6、“製”下衣字首点不写，左勾和短撇相接，很少例外。

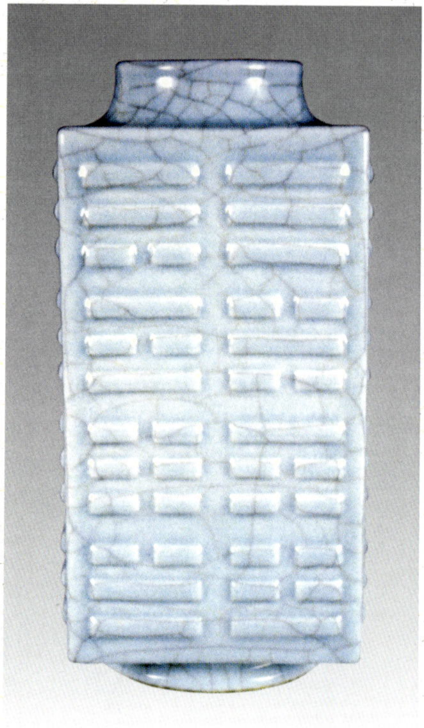

【哥釉琮式瓶】

清 咸丰

大清咸
豐年製

大清咸
豐年製

大清咸
豐年製

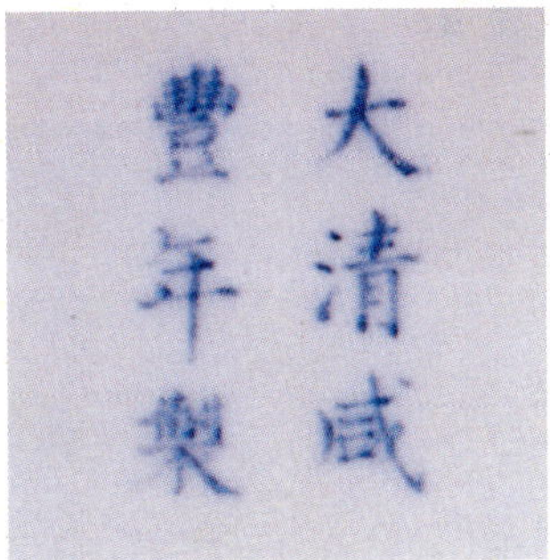
大清咸
豐年製

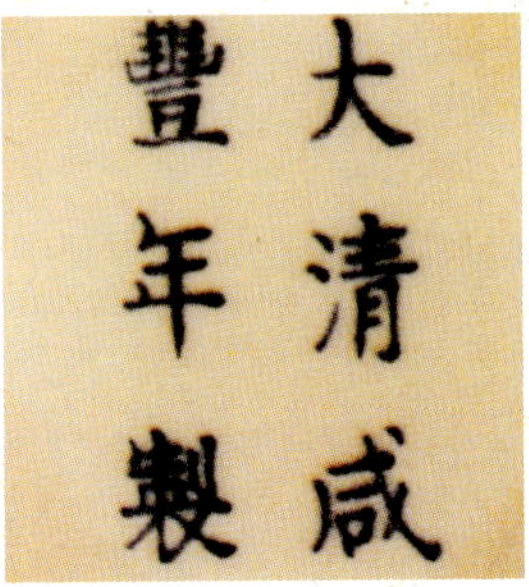
大清咸
豐年製

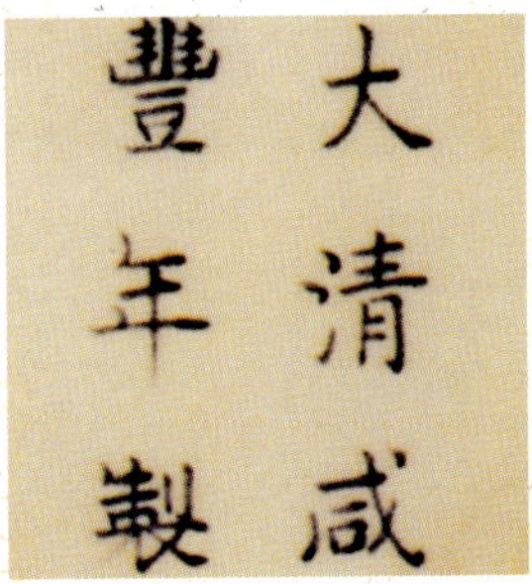
大清咸
豐年製

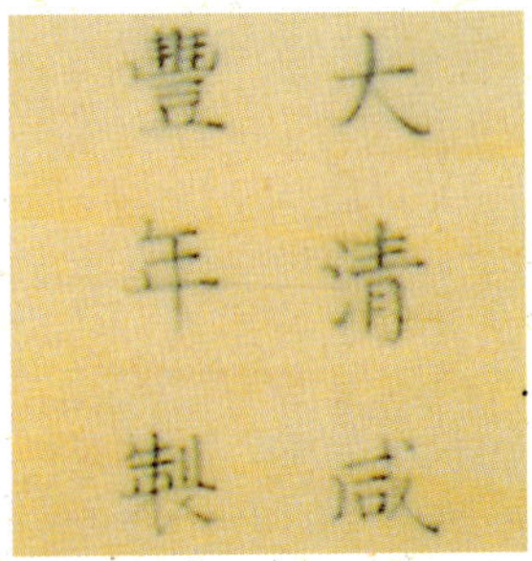
大清咸
豐年製

98 清同治年号款的特征

清同治年号款有“同治年製”和“大清同治年製”两式。年号款楷书常见，大多红彩书写。笔画丰厚，提按不明显，字体宽博粗放，缺少灵秀之气。

1、“同”字上宽下窄，转折生硬。

2、“治”字三点间距接近，和咸丰款前二点较近第三点分开不同。

3、“年”字第四画为短竖。

4、“製”下衣首点和第三画撇一笔写成，交于横笔右侧。左勾和短撇连笔，整个衣字四笔写成。有些款“製”左上部“[illegible]”中间竖笔分开，由“㞢”和“巾”组成，如乾隆楷款写法。

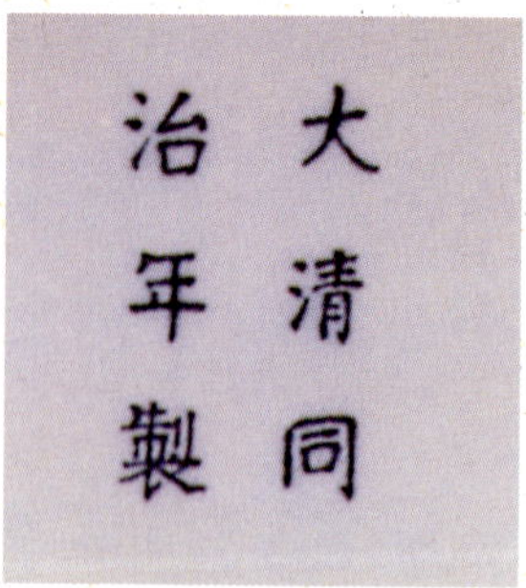

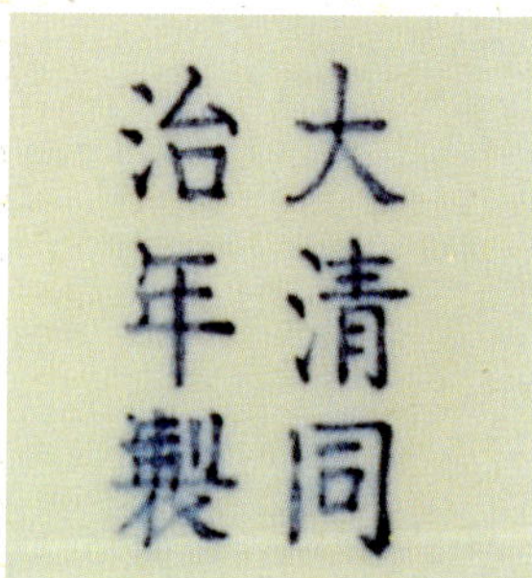

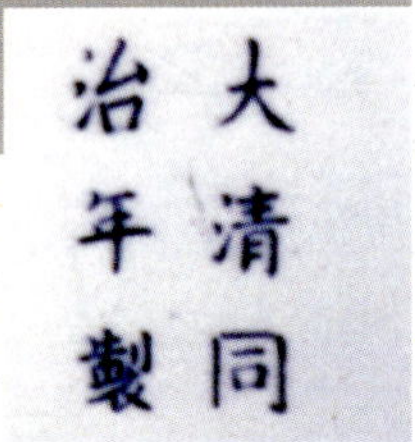

【红釉玉壶春瓶】

清 同治

99 清光绪年号款的特征

清光绪年号款有“光绪年製”和“大清光绪年製”两种。光绪款字风格多样。初期风格类咸丰、同治楷款，接近欧虞圆润而丰厚。稍后流行颜柳笔法，峻峭飘逸，锋芒毕露。日用器皿上多见宋槧体，属光绪后期产品。

1、光绪款楷篆并见，以楷为主。红彩和青花款均有。

2、晚清红釉款中同治的浓厚滞涩，宣统的稀簿流滑，唯光绪红彩釉色饱满，干润适中。青花呈色有两种：一种明丽鲜亮如康熙青花，一种青花含紫晕化飘浮。

3、楷款“清”字三点中，第三点下按后上挑，源于颜柳写法，唯光绪款多见。

4、有些“製”下衣字的竖勾和短撇一笔写成，且和横笔相交，是光绪款中的一种特殊写法。

5、篆款笔画圆润，和道光篆款相近，“光”字更如出一人手笔，但笔力较弱，布白不匀。

6、单色釉瓷上大多用楷体刻款，各种风格都有，均十分精美。

【青花龙纹盘】

清 光绪

大清光緒年製

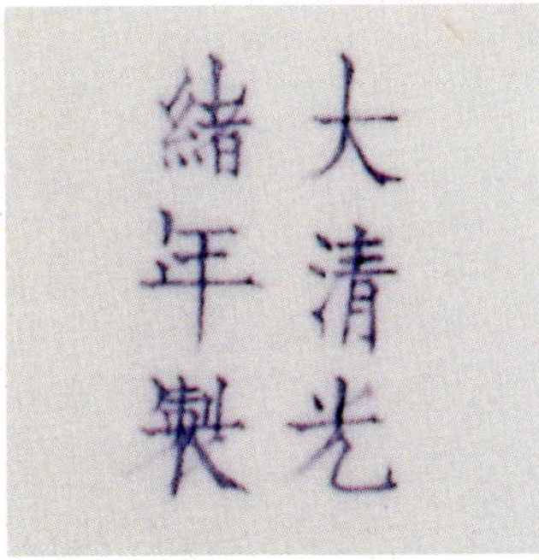
大清光緒年製

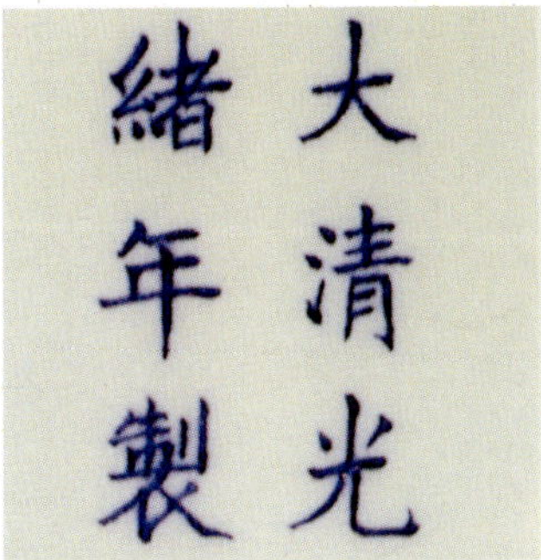
大清光緒年製

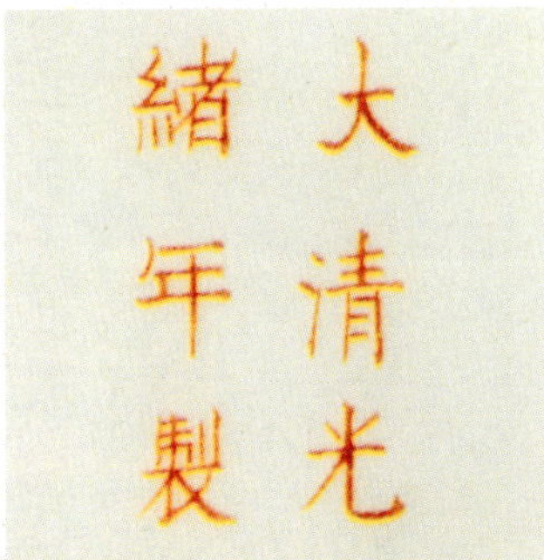
大清光緒年製

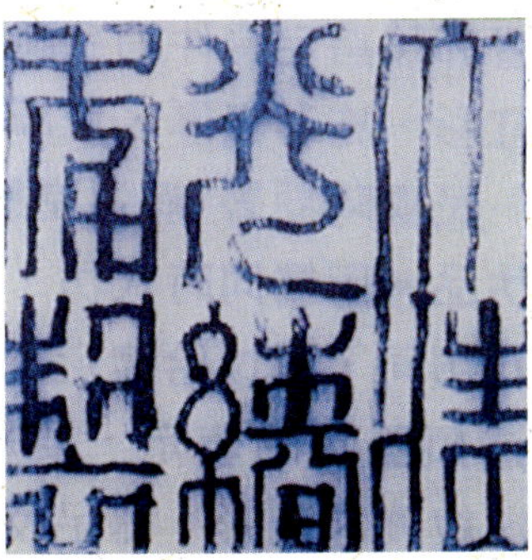

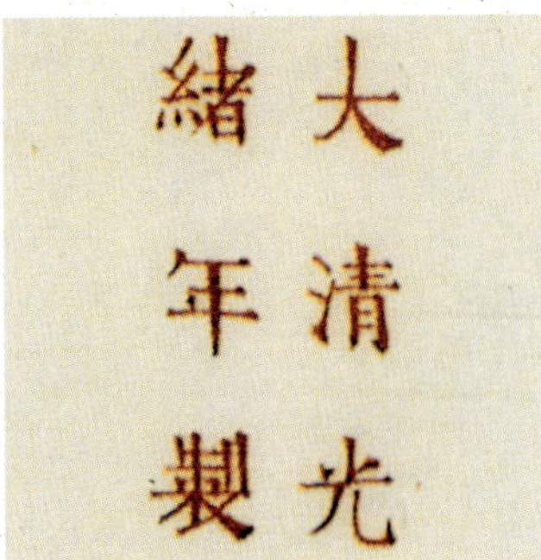
大清光緒年製

100 清宣统年号款的特征

清宣统年号款有“大清宣统年製”一种。

款字以楷书为主，有两种风格，一种是继承光绪款字的颜柳面貌，另一种是挺拔方正的北碑字体。光绪、宣统时年号书写无严格限制。不少民窑器也题年号款，唯书风粗陋，真正官窑款还是非常精美。

1、釉层匀薄而光亮，略含青。款字书写有青花、红彩、金彩、墨彩数种。青花色泽明亮艳丽，少数泛紫晕化。

2、楷款“製”下衣字均左勾和短撇相连，一般和横笔不连。

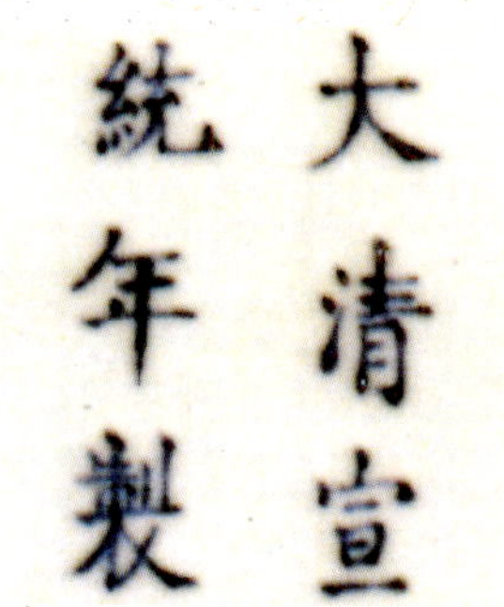

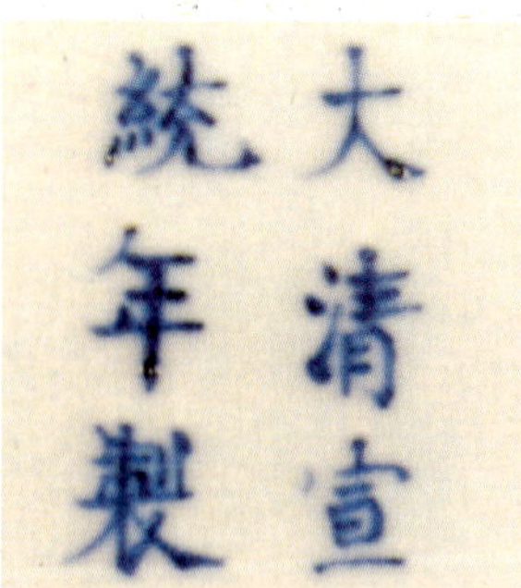

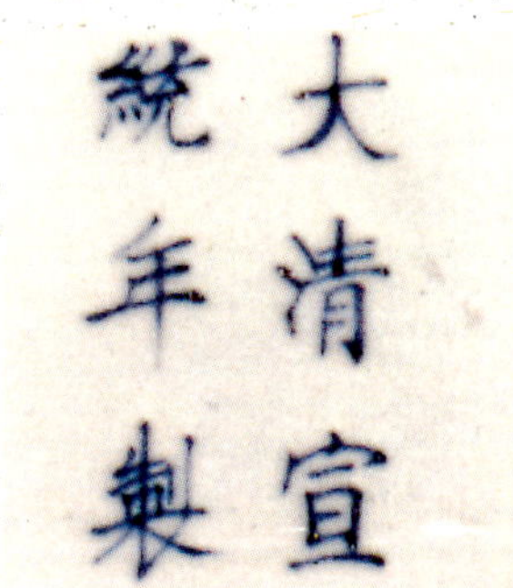

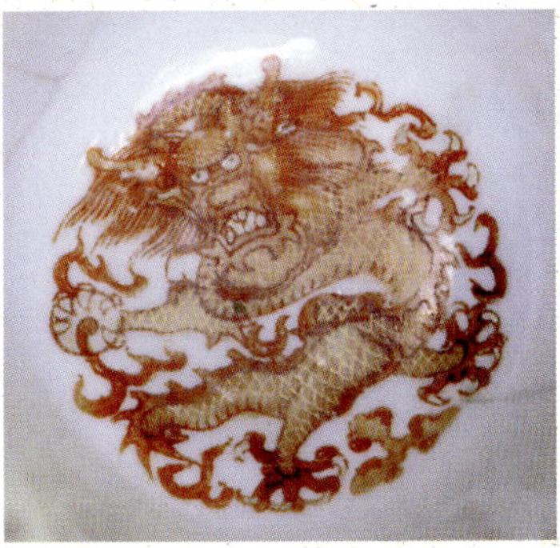

【红地金彩龙纹杯】
清 宣统

中日干支公元年号对照表

干支	年号	年号	日本年号	年号	年号
甲午	康熙 53 1714	道光 14 1834	昭和 29 1954	乾隆 39 1774	光绪 20 1894
甲辰	雍正 2 1724	道光 24 1844	昭和 39 1964	乾隆 49 1784	光绪 30 1904
甲寅	雍正 12 1734	咸丰 4 1854	昭和 49 1974	乾隆 59 1794	民国 3 1914
乙未	康熙 54 1715	道光 15 1835	昭和 30 1955	乾隆 40 1775	光绪 21 1895
乙巳	雍正 3 1725	道光 25 1845	昭和 40 1965	乾隆 50 1785	光绪 31 1905
乙卯	雍正 13 1735	咸丰 5 1855	昭和 50 1975	乾隆 60 1795	民国 4 1915
丙申	康熙 55 1716	道光 16 1836	昭和 31 1956	乾隆 41 1776	光绪 22 1896
丙午	雍正 4 1726	道光 26 1846	昭和 41 1966	雍正 51 1786	光绪 32 1906
丙辰	乾隆 1 1736	咸丰 6 1856	昭和 51 1976	嘉庆 1 1796	民国 5 1916
丁酉	康熙 56 1717	道光 17 1837	昭和 32 1957	乾隆 42 1777	光绪 23 1897
丁未	雍正 5 1727	道光 27 1847	昭和 42 1967	乾隆 52 1787	光绪 33 1907
丁巳	乾隆 2 1737	咸丰 7 1857	昭和 52 1977	嘉庆 2 1797	民国 6 1917
戊戌	康熙 57 1718	道光 18 1838	昭和 33 1958	乾隆 43 1778	光绪 24 1898
戊申	雍正 6 1728	道光 28 1848	昭和 43 1968	乾隆 53 1788	光绪 34 1908
戊午	乾隆 3 1738	咸丰 8 1858	昭和 53 1978	嘉庆 3 1798	民国 7 1918
己亥	康熙 58 1719	道光 19 1839	昭和 34 1959	乾隆 44 1779	光绪 25 1899
己酉	雍正 7 1729	道光 29 1849	昭和 44 1969	乾隆 54 1789	宣统 1 1909
己未	乾隆 4 1739	咸丰 9 1859	昭和 54 1979	嘉庆 4 1799	民国 8 1919
庚子	康熙 59 1720	道光 20 1840	昭和 35 1960	乾隆 45 1780	光绪 26 1900
庚戌	雍正 8 1730	道光 30 1850	昭和 45 1970	乾隆 55 1790	宣统 2 1910
庚申	乾隆 5 1740	咸丰 10 1860	昭和 55 1980	嘉庆 5 1800	民国 9 1920
辛丑	康熙 60 1721	道光 21 1841	昭和 36 1961	乾隆 46 1781	光绪 27 1901
辛亥	雍正 9 1731	咸丰 1 1851	昭和 46 1971	乾隆 56 1791	宣统 3 1911
辛酉	乾隆 6 1741	咸丰 11 1861	昭和 56 1981	嘉庆 6 1801	民国 10 1921
壬寅	康熙 61 1722	道光 22 1842	昭和 37 1962	乾隆 47 1782	光绪 28 1902
壬子	雍正 10 1732	咸丰 2 1852	昭和 47 1972	乾隆 57 1792	民国 1 1912
壬戌	乾隆 7 1742	同治 1 1862	昭和 57 1982	嘉庆 7 1802	民国 11 1922
癸卯	雍正 1 1723	道光 23 1843	昭和 38 1963	乾隆 48 1783	光绪 29 1903
癸丑	雍正 11 1733	咸丰 3 1853	昭和 48 1973	乾隆 58 1793	民国 2 1913
癸亥	乾隆 8 1743	同治 2 1863	昭和 58 1983	嘉庆 8 1803	民国 12 1923

中日干支公元年号对照表

干支	上左	上右	下左	下中	下右
甲子	乾隆 9 1744	同治 3 1864	大正 13 1924	嘉庆 9 1804	民国 13 1924
甲戌	乾隆 19 1754	同治 13 1874	昭和 9 1934	嘉庆 19 1814	民国 23 1934
甲申	乾隆 29 1764	光绪 10 1884	昭和 19 1944	道光 4 1824	民国 33 1944
乙丑	乾隆 10 1745	同治 4 1865	大正 14 1925	嘉庆 10 1805	民国 14 1925
乙亥	乾隆 20 1755	光绪 1 1875	昭和 10 1935	嘉庆 20 1815	民国 24 1935
乙酉	乾隆 30 1765	光绪 11 1885	昭和 20 1945	道光 5 1825	民国 34 1945
丙寅	乾隆 11 1746	同治 5 1866	昭和 1 1926	嘉庆 11 1806	民国 15 1926
丙子	乾隆 21 1756	光绪 2 1876	昭和 11 1936	嘉庆 21 1816	民国 25 1936
丙戌	乾隆 31 1766	光绪 12 1886	昭和 21 1946	道光 6 1826	民国 35 1946
丁卯	乾隆 12 1747	同治 6 1867	昭和 2 1927	嘉庆 12 1807	民国 16 1927
丁丑	乾隆 22 1757	光绪 3 1877	昭和 12 1937	嘉庆 22 1817	民国 26 1937
丁亥	乾隆 32 1767	光绪 13 1887	昭和 22 1947	道光 7 1827	民国 36 1947
戊辰	乾隆 13 1748	同治 7 1868	昭和 3 1928	嘉庆 13 1808	民国 17 1928
戊寅	乾隆 23 1758	光绪 4 1878	昭和 13 1938	嘉庆 23 1818	民国 27 1938
戊子	乾隆 33 1768	光绪 14 1888	昭和 23 1948	道光 8 1828	民国 37 1948
己巳	乾隆 14 1749	同治 8 1869	昭和 4 1929	嘉庆 14 1809	民国 18 1929
己卯	乾隆 24 1759	光绪 5 1879	昭和 14 1939	嘉庆 24 1819	民国 28 1939
己丑	乾隆 34 1769	光绪 15 1889	昭和 24 1949	道光 9 1829	公元 1949
庚午	乾隆 15 1750	同治 9 1870	昭和 5 1930	嘉庆 15 1810	民国 19 1930
庚辰	乾隆 25 1760	光绪 6 1880	昭和 15 1940	嘉庆 25 1820	民国 29 1940
庚寅	康熙 49 1710	道光 10 1830	昭和 25 1950	乾隆 35 1770	光绪 16 1890
辛未	乾隆 16 1751	同治 10 1871	昭和 6 1931	嘉庆 16 1811	民国 20 1931
辛巳	乾隆 26 1761	光绪 7 1881	昭和 16 1941	道光 1 1821	民国 30 1941
辛卯	康熙 50 1711	道光 11 1831	昭和 26 1951	乾隆 36 1771	光绪 17 1891
壬申	乾隆 17 1752	同治 11 1872	昭和 7 1932	嘉庆 17 1812	民国 21 1932
壬午	乾隆 27 1762	光绪 8 1882	昭和 17 1942	道光 2 1822	民国 31 1942
壬辰	康熙 51 1712	道光 12 1832	昭和 27 1952	乾隆 37 1772	光绪 18 1892
癸酉	乾隆 18 1753	同治 12 1873	昭和 8 1933	嘉庆 18 1813	民国 22 1933
癸未	乾隆 28 1763	光绪 9 1883	昭和 18 1943	道光 3 1823	民国 32 1943
癸巳	康熙 52 1713	道光 13 1833	昭和 28 1953	乾隆 38 1773	光绪 19 1893

收藏指南丛书

——陶瓷

上海非凡文化艺术有限公司编

作　　者----朱裕平

特约编辑----丁　定

责任编辑----宋一鸣

装帧设计----刘玮林

电脑制作----周　炜　黄　虹

出　　版----学林出版社（上海钦州南路81号3楼）

电话：64515005 传真：64515005

发　　行----新华书店上海发行所

学林图书发行部（文庙路120号）

电话：63768461 传真：63768540

印　　刷----精一印刷（深圳）有限公司

开　　本----1/32　　印　　张----7

版　　次----1998年10月第一版第一次印刷　　印　　数----1-5000册

书　　号----ISBN7-80616-523-1/G.131

定　　价----98.00元